🔗 現代

刑務所の作法

監修　河合幹雄

GB

一般社会とは大きく異なる
「刑務所」という特異な世界

　刑務所という場所は、反社会的勢力と呼ばれる人々がゴロゴロいて、暴動やケンカが頻繁に起こるような無法地帯だと思っていないだろうか？　確かに無反省で刑務所に出たり入ったりを繰り返す人々もいるが、それとは反対に暴力とは無縁の人々もいる。

　何らかの事情でお金を稼ぐことができず、無銭飲食で捕まって刑務所に入るような人々である。彼らは刑期を終えて出所しても、もともとお金を稼ぐ方法を身に付けていないので、再び無銭飲食で刑務所に舞い戻るということを繰り返すことが多い。刑務所のお世話になれば、3度の食事にしっかりありつけるというわけだ。

　このような"塀の中の懲りない面々たち"は、刑務所

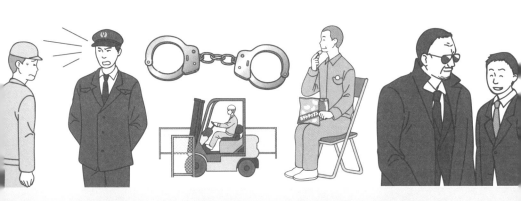

の常連組である。実際、毎年新たに入所するおよそ半数の受刑者は、過去に何度か刑務所にお世話になっている者たちであり、彼らは獄中生活のスペシャリストといっても過言ではない。

しかしながら、おそらく多くの読者は、前述のような人々とは別世界の住人であると思われる。刑務所に入ったこともないし、警察にお世話になったこともない人が大半だろう。

刑務所に入るには？　受刑者たちの刑務所での暮らしとは？　刑務所で働く刑務官の職務とは？　これらのことは、別世界の住人だから知る由もないはずである。

本書はそんな刑務所の世界を数多くのイラストを用いて紹介していく──。何かの拍子で刑務所に入る可能性は、誰しもがあり得る話だ。そうなったときのために予備知識として頭に入れておけば、きっと役に立つはずである。

河合幹雄

刑務所は矯正施設のひとつ

拘置所や刑務所の明確な違いを知らない人がいるかもしれない。そこで、法務省が管轄する矯正施設の仕組みをわかりやすく紹介する。

矯正管区とは？

刑務所や少年院、拘置所などの矯正施設に対して、適切な管理・運営にあたる機関。東京、大阪、名古屋、広島、福岡、仙台、札幌、高松の8カ所に設置されている。

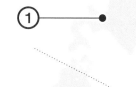

① 札幌
② 仙台
③ 東京
④ 名古屋
⑤ 大阪
⑥ 広島
⑦ 高松
⑧ 福岡

刑事被告人や犯罪者を収容する施設として、拘置所と刑務所がある。拘置所は主に刑が確定する前の被疑者を勾留しておく施設で、刑務所は刑が確定した受刑者を収容する施設である。

また、刑事被告人や犯罪者は成年とは限らない。20歳未満の非行少年を収容する施設として、少年鑑別所や少年院、少年刑務所がある。ちなみに、少年鑑別所と少年院は、刑罰はなく教育を目的としており、少年刑務所はたとえ少年であっても刑罰が科せられる。ちなみに、少年刑務所には26歳未満の成年受刑者もいる。これらの施設を総称して「矯正施設」という。

矯正施設は、法務大臣をピラミッドの頂点とする法務省の「矯正局」が管轄しているのだが、矯正局と矯正施設の間に「矯正管区」という上層機関を置いている。矯正管区は、

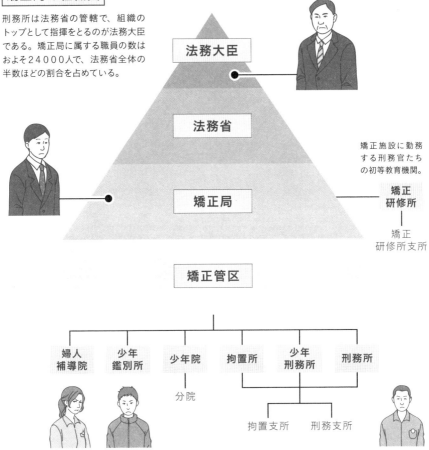

矯正局の組織図

刑務所は法務省の管轄で、組織のトップとして指揮をとるのが法務大臣である。矯正局に属する職員の数はおよそ24000人で、法務省全体の半数ほどの割合を占めている。

法務大臣

法務省

矯正局

矯正施設に勤務する刑務官たちの初等教育機関。

矯正研修所

矯正研修所支所

矯正管区

| 婦人補導院 | 少年鑑別所 | 少年院 | 拘置所 | 少年刑務所 | 刑務所 |

分院

拘置支所　　刑務支所

東京、大阪、名古屋、広島、福岡、仙台、札幌、高松の8カ所にブロック分けし、矯正施設は矯正局や矯正管区から、運営のために必要な指示を受ける関係にある。

ちなみに、矯正施設に勤務する刑務官たちは、職務上必要な教育訓練を受けなければならない決まりになっている。その初等教育機関が「矯正研修所」であり、こちらは矯正管区に対応する形で、全国8カ所に矯正研修所支所が設置されている。

研修は約70日間の集合研修と、約150日の所属庁における実務研修の2つがあり、集合研修では寮生活を送ることになっている。ただし、その間は給料とは別に1日1500円程度の手当てが支給される。

受刑者の中には、更生が果てしなく困難な者も少なくないが、矯正局はこのような盤石な体制で受刑者を更生に導いている。

犯罪者の更生と社会復帰が役割

刑務所は、単に犯罪をした人々を押し込めておく隔離施設ではない。いずれは社会に出ることを想定した、受刑者たちを矯正するための施設である。

多いときで年間230万件ほど、検察に身柄あるいは書類が送られているが、実際に刑務所に入れられるのは3万人ほど。つまり、全体のおよそ1%にすぎない。

万引きの場合、3回やっても刑務所に入れられることはないという。ただし、警察に捕まれば長時間のきつい取り調べを何日も受けることになる。

ニュースで世間を騒がせた容疑者が不起訴処分となり、違和感を持った経験はないだろうか——。実は、刑務所という場所はそう簡単には入れない場所になっている。そのため容疑者として警察に捕まっても、裁判すら開かれず実社会へ戻されるケースが多々あるのだ。

なぜなら刑務所の目的は、収容者の更生と社会復帰である。刑務所に長い間入れて

おくと実社会になじみにくくなり、社会復帰を難しくしてしまう。そのため、日本の司法では「なるべく入れない、入れてもすぐに出す」という暗黙のルールがある。

たとえば万引きなどの軽微な犯罪ならば、3回までは刑務所に入れられることはほぼない。もちろん、警察署にある留置場で懲らしめられるだろうが、基本的には起訴猶予や執行猶予の判断が下される。

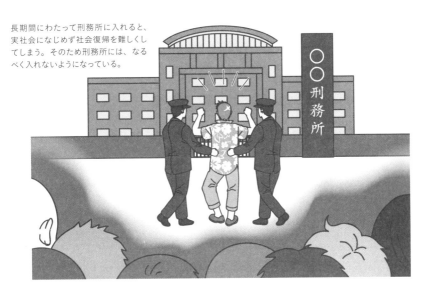

長期間にわたって刑務所に入れると、実社会になじめず社会復帰を難しくしてしまう。そのため刑務所には、なるべく入れないようになっている。

有期懲役の判決が出ても、60％以上は執行猶予期間が設けられている。猶予期間中に刑事事件を起こさなければ、刑罰権は消滅する。

執行猶予

刑務所に入れられても、真面目に刑に服せば刑期の3分の2を過ぎたあたりで仮釈放が認められる。刑務所は、なるべく入れないだけでなく、入れてもすぐ出すような運営がなされている。

もう来るなよ

　実際、日本では多いときで年間230万件ほど、検察に身柄あるいは書類が送られている。しかし、刑務所に収監されるのはそのうちの3万人ほどである。つまり、何らかの事件やトラブルを起こして警察にお世話になった者のうち、刑務所に入れられるのは約1％ということになる。

　また、真面目に刑に服して模範囚となれば、刑期の3分の2を過ぎたあたりで仮釈放が認められる。実刑3年の判決が下っても、実質2年ほどで刑務所から出られることになっているのだ。

　「犯罪者は一生刑務所にいろ！」などと考える人もいるかもしれないが、刑務所は更生と社会復帰のための矯正施設である。約1％の受刑者たちには、「こんなところは早く出たい！」と思わせる数々の仕組みが待ち受けている――。

アメとムチの管理社会

受刑者たちを統制しなければ、刑務所内の平穏は保てない。そこで、刑務所が行っているさまざまな管理方法を見ていきたい。

刑務所では受刑者を管理するために、まるで軍隊のような厳しい規律がある。

　　刑務所は徹底した管理社会であり、真面目に刑に服せば賞が与えられ、過ちを犯せば厳しく罰せられる。いわばアメとムチの使い分けによって運営がなされているのだ。

　刑務所における集団生活では、「他人に迷惑をかけない」ために、受刑者同士にお互いの牽制と監視をさせている。「全体責任」というルールだ。そのルールは厳格で、整理整頓がされていないというだけで減点の対象となる。そのため受刑者たちは、「減点」されないようにおのずとルールを守るというわけだ。成績によっては外出や電話が許される。

　また、毎朝の日課として舎房内の点検が行われ、整理整頓がなされていないだけで刑務官の怒号が飛ぶ。さらに、それとは別に人頭点検が行われる。休憩や運動など受

集団行動や全体責任が刑務所の基本ルール。喋り方から歩き方まで、勝手な言動は決して許されない。

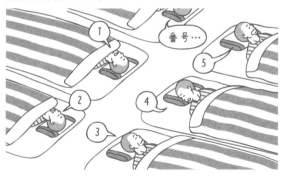

雑居房に入れられれば、朝起きてから眠りつくまで集団行動を余儀なくされる。

番号…

受刑者はごくたまに甘いお菓子を食べる機会がある。まさにアメとムチの管理法なのだ。

刑者が動くたびに刑務官の号令によって整列しなければならない決まりになっているのだ。もしも人数がひとりでも足りなければ脱獄として非常事態宣言が発出し、大捜索が行われる。

　刑務所に収容される受刑者たちは、自由を制限するという意味を持つ「自由刑」という刑に服している。だが、自由な動きを止めている理由はそれだけではない。受刑者たちを放任すれば、たちまちいくつものグループに分かれて対立したり、刑務官に対して反抗したりしかねないのだ。刑務所内の平穏を保つために、受刑者の自由を制限することは必要不可欠なのである。

　ちなみに、死刑を宣告された受刑者の場合は、自由刑ではなく生命刑である。拘置所内ではほかの受刑者より自由だが、見ようによっては最も不自由な刑罰となる。

contents

2　　はじめに

4　　早わかり刑務所①　　刑務所は矯正施設のひとつ

6　　早わかり刑務所②　　犯罪者の更生と社会復帰が役割

8　　早わかり刑務所③　　アメとムチの管理社会

1章　入所の作法

◆　収監までのプロセス

16　現行犯を捕まえる権利は、一般市民も持っている

18　留置場には冷暖房の設備はあるが、夏は暑く冬は寒い

22　有名人は独居房！　拘置所における居房の振り分け方

24　飲み食いも服装も自由な拘置所生活

26　拘置所生活は刑期としてカウントされる場合がある

28　初犯者と再犯者では入れられる刑務所が異なる

◆　新人研修

32　刑務所に入って最初の試練は尻の穴まで検査されること

36　男性受刑者の坊主スタイルは３パターンある

38　グラウンドや講堂、工場など、刑務所内の施設は充実している

40　刑務作業は申し出れば誰でも参加できる

◆　**基礎知識**

42　トイレは外から丸見え！　ストレス満載の雑居房生活

44　トラブルメーカーや同性愛者は独居房へ収容される

46　必ずしも労働ばかりではない懲役受刑者の1日

48　刑務作業でもらえるお金の平均は、ひと月あたり4500円未満

52　資格がとれる科目は約100種類！　刑務所の職業訓練

54　受刑者のひとりあたりの年間予算は約50万円！

56　受刑者にはランクがあり、上がれば上がるほど自由になれる

2章　暮らしの作法

◆　**暮らしの基本**

66　勝手に話すのはNG！　受刑者の禁止事項

68　新人、根暗、嘘つきはイジメられやすい

70　クレームや要望は願箋に書いて提出

◆　**刑務所の衣食住**

72　寝巻はグレーのストライプ柄！　受刑者のファッション事情

74　刑務所のご飯が臭いのは、古い米しか手に入らなかったから

78　用を足すのはひとり5分以内！　トイレの際の厳格なルール

80　風呂は週に2〜3回だが、調理担当は毎日入浴ができる

82　受刑者の服は、大型のドラム式洗濯機でまとめて洗う

84　最大15時間の睡眠が可能！　たっぷり眠れる刑務所生活

86 　朝夕 2 回の清掃をしないと法律違反で懲罰が待っている！

88 　男性受刑者の頭髪は、20 日ごとに散髪して丸刈りに

90 　アダルト写真はひとりで楽しむ分には問題ナシ

◆ 　**健康管理**

92 　年に 1 回、検診車が来て健康診断を受けている

94 　末期ガンの受刑者は、釈放されるケースがある

96 　運動の時間は強制ではなく、新聞を読んでいても OK

3章　受刑者の楽しみと癒やしの作法

◆ 　**余暇・娯楽**

100 　休日は暇すぎて暴力沙汰が発生しやすくなる

102 　刑務所では囲碁と将棋がめちゃくちゃ人気！

104 　お菓子片手の映画鑑賞は、模範囚だけの特権

◆ 　**楽しみと癒やし**

108 　外国語や暗号は禁止！　面会における厳格なルール

110 　受刑者への差し入れは、宅急便や郵便でも可能

112 　手紙は 7 枚までで、ペンの色は黒か青と決まっている

114 　お正月のごちそうが食べたくて刑務所に入る者もいる！？

118 　刑務所内の買い物はマークシート形式

122 　酒やタバコなどの禁制品は、非正規ルートで入手!?

4章　刑務官の作法

126　刑務官の昼の食事休憩は約 30 分間

128　刑務官の受刑者に対する接し方は、笑顔を見せないこと

132　刑務官の採用には、武道有段者の特別枠がある

134　タバコの厳重な管理が刑務官の命題

138　刑務官のルーツは律令時代の検非違使だった

140　死刑を執行した刑務官には、執行手当てが支給される

5章　出所の作法

◆　仮出所

146　仮釈放が認められる絶対条件は、日頃の生活態度のよさ

148　出所した人たちを支援する民間団体がある

150　釈放前の受刑者は、洗濯機の使い方を教えられる

152　保護観察中に仕事をサボると、刑務所に連れ戻される

◆　出 所

154　刑務所で長く生活していると、女性と会話ができなくなる

158　自分で申告しなければ、前科はかなりバレにくい

SPECIAL EDITION ①

59　実録！　刑務所で起きたリアル事件簿

SPECIAL EDITION ②

161　矯正施設と刑務所が抱えているさまざまな問題

172　おわりに

174　参考文献

column

58　定員オーバーしていたのは寿命が関係していた !?

98　一般社会では使われない刑務所ならではの隠語

124　刑務官も許可してしまう驚きの仮病テクニック

144　脱獄はできない仕組みになっている

160　近年、受刑者の権利は大幅に拡充された

1章

入 所 の 作 法

逮捕されたあと、すぐに刑務所に連行されるわけではない。
逮捕後は警察による取り調べを受け、検察官が起訴すれ
ば裁判が始まる。そこで有罪となり、はじめて刑務所へ入
所することになる。容疑者が入所するまでどのように過ご
しているのか、入所に至るまでのプロセスを解説する。

現行犯を捕まえる権利は、一般市民も持っている

該当する
人々 ▷ **容疑者** 被疑者 被告人 受刑者 その他

該当する
施設 ▷ 留置所 拘置所 刑務所 **その他**

身柄を強制的に拘束し 留置施設に留め置く「逮捕」

刑務所に入れられる最初の段階が逮捕だ。逮捕とは、警察や検察などが容疑者（罪を犯したと疑われている人）の逃亡や証拠隠滅を防ぐため、身柄を強制的に拘束し、留置施設に連行することをいう。早い話が、「警察の厄介になる」ということである。

日本は法治国家なので、逮捕するにしても、基本的には裁判所が発行する逮捕令状が必要となる。警察官は必ず容疑者に逮捕状を示し、疑いが掛けられている犯罪と逮捕の理由を告げなければならないのだ。この一連の流れを「通常逮捕」という。

ただし、殺人罪や強盗罪といった重罪を犯した疑いが濃い容疑者に対しては、緊急的に逮捕状なしで拘束できる。これを「緊急逮捕」といって、逮捕状は容疑者を確保したあとに裁判所に申請することになっている。

もうひとつ、逮捕状なしに身柄を拘束できる逮捕がある。重罪を犯した容疑者ではなくても、今まさに犯罪が行われている場合、もしくは犯罪が行われたばかりであれば、その場で取り押さえることができるのだ。これを「現行犯逮捕」といって、警察や検察といった司法職員に限らず一般市民でも犯人を逮捕することができる。

現行犯であれば、誤認逮捕ということはまずないし、そもそも犯罪者を野放しにしてはおけない。一般市民による逮捕は、法律で認められた正当な権利なのだ。ただし、一般人が逮捕した際は、ただちに警察官に引き渡さなければならない。

もちろん、一般市民の逮捕にはリスクもある。容疑者と揉み合いになってケガをしたり、逆に容疑者を傷つけてしまったりすることも考えられるので、警察に委ねたほうが安全である。容疑者を必要以上に痛めつけ、自身が容疑者になったらシャレにならない。

逮捕

刑務所への道のりは逮捕が第一歩！

刑務所に入所する最初のプロセスとして逮捕がある。逮捕には、通常、緊急、現行犯の3パターンが存在する。

警察　逮捕状　容疑者
逮捕令状

通常逮捕
逮捕令状を示し、嫌疑がかけられている犯罪と逮捕の理由を告げてから、容疑者を取り押さえる原則的な手続き。逮捕状の発行には、裁判所の許可が必要となる。

手錠　容疑者

緊急逮捕
懲役、または禁錮3年以上の罪にあたる場合や、逃亡や証拠隠滅の恐れがある場合など、裁判所が発行する逮捕状を待たずに逮捕できる手続き。

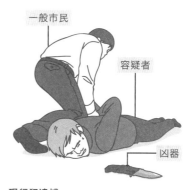

一般市民　容疑者　凶器

現行犯逮捕
今まさに犯罪を行っている容疑者や、犯罪をしたばかりの容疑者を逮捕する手続き。逮捕状は必要なく、一般市民でも逮捕することが可能。

留置場には冷暖房の設備はあるが、夏は暑く冬は寒い

該当する
人々 ▷ 容疑者 被疑者 被告人 受刑者 その他   該当する
施設 ▷ 留置所 拘置所 刑務所 その他

逮捕・起訴されると裁判終了まで拘置生活が続く

逮捕されたとしても、即座に刑務所へ送られるわけではない。刑務所に入るには「刑事手続」というプロセスを経なくてはならないのだ。

まず、逮捕された者は「容疑者」と呼ばれるようになり、留置場に身柄を留置される。留置場は各都道府県警察内にある、いわゆる「ブタ箱」と呼ばれる施設で、全国に約1300カ所ある。基本的に寝泊まりは大部屋となる。

容疑者は警察署の取調室で事情聴取を受ける。警察が犯罪として立件すると判断すれば、逮捕から48時間以内に検察庁に送検される。証拠不十分でタイムオーバーになれば、それ以上拘束されることはない。

軽微な犯罪なら書類送検で帰宅できるが、重大な犯罪は身柄ごと送検となる。また、検察官が勾留の必要があると判断した場合は送検から24時間以内に勾留状を請求。勾留状が発行されると容疑者は「被疑者」と呼び方が変わり、警察や検察は最大23日間、被疑者の身柄を留置場に勾留して取り調べをすることができる。

検察官はその間に容疑を固め、裁判を維持できる証拠を集めて起訴する。その際、犯罪の疑いがなかったり、証拠不十分だったりした場合は不起訴となり、釈放される。ただし、起訴されると被疑者は「被告人」と呼ばれるようになり、身柄はそのまま、もしくは拘置所に移され、裁判を待つことになる。

留置場と拘置所は、どちらも被疑者や被告人が収容される場所だが、留置場が警察署の管理下にあるのに対し、拘置所は法務省の管理下にあるという違いがある。

起訴と同時に2カ月間の拘留が自動的につき、その後は1カ月ごとに検察官が勾留更新の手続きをする。勾留された被告人の多くは、裁判が終わるまで拘置所生活を続けることになる。

留置場	警察のお世話になると留置場が待っている

留置場とは、逮捕者を一時的に拘禁する施設で警察署の中にある。身柄の勾留は、最大23日間と法律で決まっている。

2F、3Fにあることが多い

留置場の場所

留置場はほとんどの警察署内に設置されている。世間一般では「ブタ箱」とも呼ばれていて、警察の管轄下にある。

留置場の様子

被疑者を逃走防止のために入れておく留置場。その定員は10〜20名が多い。ちなみに冷暖房は一応あるが、室温は夏は暑く冬は寒い。

取り調べ

取り調べの時間は、規則上は昼食の時間を除いた朝9時から夕方17時まで。それ以外の時間は、基本的には自由となっている。

逮捕から最大23日

留置場の滞在期間は最大で23日。不起訴処分や起訴猶予となれば帰宅することができるが、起訴されるとそのままか、拘置所に移送される。

拘置所はお金を払えば出られることも！

検察に起訴されると、被疑者は被告人となり拘置所に移されるか留置所に留まる。また、保釈制度を利用すれば外に出られる。

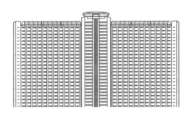

拘置所

起訴されて被告人となった被疑者を勾留する場所。また、死刑囚や懲役刑が確定した既決囚も収容されている。

お金を用意すれば保釈が可能

逃亡の恐れや証拠隠滅の恐れがない被告人は、保釈金を用意すれば帰宅できる。保釈金は安くて50万円、高いと何億円にもなる。

保釈中のルール

定められた住所に住む

自宅、もしくは裁判所に申し出た定住先で暮らす必要がある。

月1回の報告義務

保釈の身になっても、裁判所へ現状の報告をするのが決まりとなっている。

逃亡や証拠隠滅をすると…

被告人が逃亡や証拠隠滅をすると、保釈金は没収される。また、検察官や警察官によって身柄を拘束される。

留置場と拘置所の違い

留置場と拘置所は何がどのように違う？

警察が管轄する留置場に対し、拘置所は法務省の管轄。似たような施設の名前だが、被勾留者の扱いは大きく異なる。

ご飯は白米だが、全体的に薄味。

仕出し弁当

留置場の食事

警察署に調理施設はないので、留置場では無料の仕出し弁当が出される。また、自弁といって自分でお金を払って弁当を頼むことも可能である。

手づくり

未決・即決にかかわらず、米飯は麦入り。

拘置所の食事

拘置所には調理施設があり、調理は刑務作業の一環として既決囚が行う。未決囚であれば、留置場と同じように自弁のシステムがある。

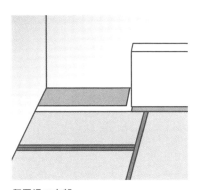

留置場の内部

取り調べのないときに被疑者を勾留するための施設なので、座卓や寝具のないシンプルなつくりとなっている。ちなみに、寝具は消灯前などの必要なときに渡される。

拘置所の内部

逃亡と証拠隠滅を防止する以外は、人間らしい生活ができるように設計されている。座卓や寝具が備えられている。

有名人は独居房！
拘置所における居房の振り分け方

🔗 身体検査、所持品検査のあと
独居房か雑居房に収容される

　留置場から拘置所に送られると、拘置所の刑務官によって写真を撮影される。下着を脱ぎ、全裸での身体検査、持ち物検査（領置調べ）が行われるのだ。これは元総理大臣に対してさえも免除されることはなかった。女性の場合、検査は女性刑務官が行う。

　所持品検査では、所持品を房内で使用できるものとできないもの、検査が必要なものとそうではないものに振り分けられる。

　収容先は独居房（ひとり部屋）か、雑居房（複数人部屋）のどちらかとなる。独居房に収容されているのは、有名人、殺人などの重大事件の被告人、暴力団の組長などの幹部、容疑を否認している者、そのほか、集団生活には不向きと認められる被告人などである。

　独居房はおよそ4畳の広さで、畳の部分が3畳、便器と洗面台がある部分が1畳分だ。房内には壁に取り付けられている私物棚と衝立、小机があり、壁にはカレンダーと被収容者遵守事項が貼ってある。

　一方の雑居房は、12畳ほどの収容スペースがあり、収容人員は6〜8人ほど。房内には、便器、洗面台、寝具一式、座布団、掃除道具、食器類などの生活必需品が備えられている。また「所内生活のしおり」という冊子が置かれてあり、拘置所内での生活のルール、弁護人の選任、裁判の流れ、判決に不服があるときの上訴の仕方など、被告人として知っておくべきことがわかりやすく書かれている。

　ほかに拘置所の居房を振り分ける際は、原則として共犯者同士はフロアを別にして運動や入浴でも顔を合わせないほか、抗争中の暴力団同士もフロアを別にする。また、自殺要注意者は雑居房に収容する。これは同居者がいればいち早く異変を察知し、自殺を未然に防ぐことができるからである。

居房の振り分け

独居房は問題を抱えた者だけが入れる

拘置所には複数人が収容される雑居房と、ひとりで過ごす独居房がある。居房の振り分けについて紹介したい。

雑居房
12畳ほどのスペースに、6人程度収容する雑居房。複数名での生活となるので談笑することもできるが、イジメなども起きるという。

独居房
芸能人や重大犯罪の被告人、トランスジェンダーなどは、プライバシー保護や周囲の影響の配慮がなされ、独居房に割り振られる。

拘置所は法務省の管轄
留置場は警察の管轄だが、拘置所は法務省の管轄となる。施設内では刑務所と同じように、巡回警備が行われている。

飲み食いも服装も
自由な拘置所生活

該当する人々	容疑者	被疑者	**被告人**	受刑者	その他

該当する施設	留置所	**拘置所**	刑務所	その他

衣類、書籍は持ち込みOK 房内で自由に過ごせる

拘置所は、東京、名古屋、京都、大阪、神戸、広島、福岡の8カ所（東京に2カ所ある）のほか、拘置支所を合わせて全国に111カ所が設置されている。拘置所に収監されているのは主に裁判で刑が下されていない被告人（未決囚）だが、所内には受刑者（既決囚）も在監している。

刑務所では、配食や洗濯など身の回りで必要なことは自分たちで行うのが原則だが、「刑が確定するまでは無罪」とする推定無罪の観点から、未決囚にそれらをやらせるわけにはいかない。そこで刑が決まった受刑者を拘置所に収監し、未決囚の世話をさせている。

また、拘置所には死刑囚もいる。死刑とは罪を犯した者の命を奪う「生命刑」で、自らの命をもって償う刑罰である。そのため死刑囚は、刑が執行されるまでは未決囚と同じ扱いなのだ。

未決囚である拘置所の被告人は、指定された部屋に常時勾留され、裁判が終わるのを待つことになる。起床や就寝、食事、運動などの時間は決められているものの、それ以外は刑務所より自由度が高い。裁判所に出頭するとき以外は、房内で各自好きなように過ごすことができるのだ。

衣類、下着、寝具、書籍などは持参OK。飲料水、弁当・惣菜や菓子なども指定販売店で買えば持ち込むことができる。ただし、書籍や衣類などの持参品は、厳重に検査され、あとで渡されることになっている。

被告人には、特に証拠隠滅と逃亡を防ぐための措置として刑務官が立ち会い、会話内容を記録するという条件で面会が許されている。さらに外国語や暗号は使用禁止で、刑務官の指示に従わなければ、面会が中止になることもある。手紙は受信も発信も必ず検閲され、場合によっては手紙のやりとり自体が禁止になる。

拘置所の規則

拘置所では好きなときに飲み食いしてOK

裁判が終わるまでは、被告人は推定無罪の扱いとなる。そのため拘置所内での行動は、ある程度の自由が許される。

お菓子が買える

拘置所では、お金を払いさえすればお菓子やアイス、カップ麺などが購入可能。ただし、未決囚のみで既決囚は購入できない。

ひも付きパーカーは禁止

私服や下着は自前

拘置所内の未決囚は服役をしているわけではない。そのため服や下着は基本的に自由となる。とはいえ、ひも付きのパーカーなどは自殺防止の観点から禁止となっている。

ベッドも用意

最近は、高齢者向けにベッドが完備されている拘置所もある。ベッドで出入口をふさぐ立てこもりを想定し、ベッドは床に固定されている。

そっちの様子はどう?

面会は平日に1回可能

土日や祝日の休庁日を除き、おおむね午前8時30分から午後4時まで面会が許される。時間は30分以内というところが多い。

拘置所生活は刑期として
カウントされる場合がある

裁判中に勾留された日数は刑期に含まれる?

日本の法律は「三審制」——ひとつの事件について3回まで裁判を受けることができる。1回目の判決(第一審)に納得できない場合は、2回目の裁判を要求することが可能で、これを控訴という。2回目の判決(第二審)に納得できない場合は3回目の裁判を要求することになり、これを上告と呼ぶ。判決の翌日から14日以内に控訴・上告しない場合は、そのまま判決が確定する。

控訴理由の8割ほどが、「量刑不当(刑が重すぎる)」である。上告は原則として、憲法違反があること、最高裁の判例と相反する判断をされたときに限られるが、実際には量刑不当、事実誤認の内容が多い。そのため、書面審査だけで上告が棄却される場合がほとんどである。

刑が確定すると、実際に拘置所で勾留された日数の一部を刑期から差し引いて刑の終了日を計算する。これを「法定通算」という。法定通算は法律で規定されている通算ということで、控訴・上告期間(どちらも14日間)、及び控訴・上告して原判決が破棄されたときの全勾留日数が刑期から差し引かれる。一方、控訴や上告が破棄されたときは、いっさい通算されることはない。そのため裁判が長期化した場合は、「もしも控訴しないで刑務所に行っていれば、そろそろ仮釈放の時期だったのに……」と、被告人が後悔することもあるという。

裁判官の判断で勾留日数を刑に算入する「裁定算入」という制度もある。こちらは目安として、控訴・上告を申し立てた日から判決日の前日までの勾留日数から、裁判に必要な日数を差し引いて、判決で本刑に算入することになる。しかし、裁定算入はあくまでも裁判所の裁量に任されているので、まったく算入してくれないこともある。

裁判は3回までと法律で決められている

起訴された被告人は、裁判で実刑判決が下されると刑務所行きに……。ただし、無罪を勝ち取るチャンスは3回ある。

(不服なら控訴)
(上訴期間14日)

地方裁判所

地方裁判所
各都道府県の県庁所在地に必ずある、第一審を行っている裁判所。ただし、軽微な犯罪は簡易裁判所、非行少年の審判などは家庭裁判所が第一審となる。

高等裁判所

高等裁判所
東京都、大阪市、名古屋市、広島市、福岡市、札幌市、仙台市、高松市の全国8カ所に加え、6つの支部がある。主に第一審判決に対する控訴審が行われる裁判所。

(不服なら上告)
(上訴期間14日)

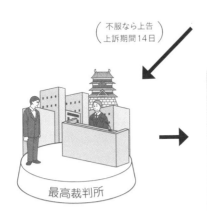

最高裁判所

最高裁判所
東京にだけ置かれている裁判所。14名の判事と1名の最高裁判所長官で構成されている。判決が確定してしまうとよほどのことがない限り、やり直しは行われない。また、控訴や上告をしない場合は、その段階で刑が確定する。

刑務所FILE

**ほとんどが最高裁で
争われることなく刑務所へ！**

日本では原則として三審制だが、最高裁で争う事例は少ない。憲法的な解釈に誤りがある、または憲法違反がある場合などを除き、最高裁判所での上告は棄却されて控訴審（高等裁判所）の判決が確定するからである。

入所の作法 その6

初犯者と再犯者では 入れられる刑務所が異なる

該当する人々 ▷ 容疑者 被疑者 被告人 **受刑者** その他

該当する施設 ▷ 留置所 拘置所 **刑務所** その他

受刑者のタイプによって 入る刑務所が決まる

刑務所では、なるべく同じようなタイプの受刑者を集めたほうが管理しやすくなる。そのため、刑務所ごとに収容区分が決められている。これを「処遇指標（収容分類級）」という。そのため受刑者がどこの刑務所に移送されるのかは、分類調査をしている刑務所側が判断することになる。

現在、刑務所は全国に67カ所設置されており、A指標刑務所17カ所、B指標刑務所41カ所、医療刑務所3カ所、女子刑務所5カ所、在日米軍関係者を収容する刑務所1カ所となっている。基本的には懲役と禁錮という量刑、性別、犯罪傾向の進度、長期刑と短期刑、病人、外国人という分類である。

初犯及び再犯までの期間が5年以上など、犯罪傾向が進んでいない受刑者はA指標、再犯及び暴力団構成員など犯罪傾向が進んでいる受刑者はB指標

に分類され、受刑者はこのどちらかの刑務所に入ることになる。つい出来心で罪を犯してしまったような初犯の受刑者を再犯の受刑者や暴力団構成員などと同じ刑務所に入れてしまうと、悪いほうに感化されて更生の道を踏み外す恐れがあるからだ。

犯罪傾向の判定は、次の5項目すべてに合致すればA指標、それ以外はB指標になる。①刑務所受刑歴がない。あっても出所から5年以上経過している。②少年院入院歴は1回以下。③反社会的な集団に属したことがない。④犯行が偶発的または機会的（計画的ではないこと）。⑤過去1年以内に薬物依存、アルコール中毒症がないこと。

また、28歳以下の若年初入受刑者は、分類調査ではなく、さらに専門的なスタッフによる行動観察を含めた調査によって更生のためのベストな刑務所を選ぶため、分類センターに移送される。人生のやり直しができる年齢だからこそ、念押しの調査を行うのだ。

犯罪傾向

受刑者には大きく分けて2種類が存在する

刑務所に収容される受刑者は、なるべく似たタイプを集めるのが望ましいとされ、そのための基準がある。

①受刑歴がない

刑務所に入ったことがない初犯の者は、基本的には犯罪傾向が進んでいないと見なされる。また、受刑歴があっても5年以上再犯していなければ、初犯扱いとなる。

②少年院歴は1回以下

少年院に2回以上の入院歴がある者は、犯罪傾向が進んでいると見なされる。つまり、1回までであればA指標として扱われる。

A指標とB指標を分ける5つの指標

刑務所では、犯罪傾向が進んでいない者をA指標、犯罪傾向が進んでいる者をB指標という分け方をする。A指標とB指標を大まかに判別するために、5つの指標が存在する。

③反社会的勢力ではない

ヤクザなどの反社会集団に属していた場合、初犯であっても犯罪傾向が進んでいるB指標として分類される。

④犯行が計画的ではない

犯行が突発的、偶発的な場合はA指標に分類される。逆に計画性のある犯行をした者は、初犯であっても犯罪傾向が進んでいるB指標となる。

⑤過去1年以内の薬物中毒、アルコール中毒症状がない

薬物中毒やアルコール中毒が1年以内にある者は、初犯であっても反社会集団や、計画的な犯罪者と同じB指標に分類。

収容分類①

さまざまな工程を経てようやく刑務所へ

犯罪傾向が進んでいるかどうかが判別されると、いよいよ収容先の刑務所が決定する。

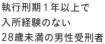

執行刑期1年以上で入所経験のない28歳未満の男性受刑者

直接刑務所に送られる前に、分類センターという施設でどこの刑務所に入れるか判断される。判断までに2カ月ほどかかる。

分類センター

生い立ちや学歴、犯罪歴や家族関係など、資料に基づいた調査を行う場所。心理テストや学力診断なども行われる。

処遇調査

刑務所に入所したあと、面接やテストを行って作業能力を見極める調査が行われる。

直送される受刑者

上記にあてはまらない受刑者は、分類センターに経由されることなく刑務所に直行する。その際、護送バスや列車、航空機などで服役先となる刑務所に送られる。

刑務所

元職人

組立作業や溶接作業、木工作業などを行う刑務所にとって、職人の経歴がある受刑者たちは配属先が決まりやすいという。

刑務所FILE

優秀な人材は拘置所が先に確保

受刑者の供給先となる拘置所では、管理しやすそうな受刑者を先に確保。そのため拘置所に収容されている受刑者は、真面目で働き者が多いらしい。

収容分類②

細かく分類するのが刑務所の作法

収容先の分類は犯罪傾向だけではない。受刑者の性別や国籍、年齢や病気の有無などによっても異なる。

女性

女性の場合、犯罪傾向が進んでいる者も進んでいない者も関係なく女子刑務所に収容。年間およそ2000人が入所している。

外国人

管理上、日本人と一緒に収容するのが難しい外国人は、収容先を分類する。ちなみに在日韓国人、在日朝鮮人は日本人扱いである。在日米軍関係者は、専用の収容所がある。

少年

少年院ではなく、刑務所への収容が相当とされる少年は、少年刑務所へ収容される。少年刑務所には26歳未満の青年受刑者も収容されている。

精神疾患者

精神疾患者や知的障害者、人格障害者は専門の医療スタッフがいる刑務所に収容される。身体に障害がある者は収容先が異なる。

刑務所に入って最初の試練は
尻の穴まで検査されること

該当する人々	▷	容疑者	被疑者	被告人	**受刑者**	その他

該当する施設	▷	留置所	拘置所	**刑務所**	その他

尖った受刑者を従順にする
"刑務所の掟"の数々

受刑者が受ける最初の洗礼が検身だ。いわゆるボディチェックだが、複数の刑務官に囲まれた状況で、全裸で尻の穴にガラス棒を押し込まれるのだからたまったものではない。危険物の持ち込みを防ぐためとはいえ、大抵の者は心が折れてしまう。逆にいうと受刑者のプライドを挫くことで、刑務官は受刑者心理をコントロールしているのである。尻の穴まで見られたうえで、なかなか突っ張る気にはならない。

捜査の一環の検身には刑事訴訟法に基づく令状が必要だが、刑務所における検身は刑務官の判断に任されている。そのため検身は刑務作業を行う工場への出入りに際しても、違法な物品の持ち込みや持ち出しを防ぐ目的で、日常的に行われている。

領置調べも刑務所に入るときの通過儀礼のひとつだ。こちらは検身に比べると至って穏当。持参品や着衣のすべてを、会計課の職員が領置品基帳という個人用の帳簿と照合する。ちなみに洗面具など拘置所で使っていた日用品は、刑務所でも引き続き使用可能である。

まず、新入受刑者は独居房に収容され、そこで入所時調査を受ける。個人の履歴や家族との関係、被害者に対する思いや釈放後の生活設計など、担当の刑務官や専門官によって多岐にわたって問いただされる。その後、雑居房に移って2週間にわたり、軽作業をしながら所内生活のルールを指導される。これを新入教育という。

新入教育は1日のすべてが訓練である。布団のたたみ方から朝の掃除や点検、食事中の心得に工場の行き帰りの行進の仕方など、あらゆる刑務所の掟を叩き込まれるのだ。ほかにも運動や性格診断をはじめとした各種テストなど盛り沢山の内容。そうして2週間が過ぎると、観察やテストの結果を踏まえて刑務作業への割り振りが決まる。

最初の試練

入所したら全裸にさせられ身体検査を行う

受刑者の最初の試練として検身がある。ただの検査ではなく、全裸になり体の隅々まで刑務官にチェックされる。

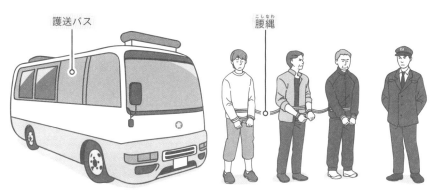

護送バス

腰縄

受刑者の移送

受刑者は刑務所まで護送バスで移送される。護送バスは赤色灯とサイレン、窓に格子を取り付けたマイクロバス。受刑者は手錠をかけられ、腕も固定される。複数の場合は縄でつなぐ。

検身

受刑者は全裸になり身体検査を行う。刺青や手術跡、傷跡などはないか確認し、余計なものを隠していないか刑務官はチェックする。

刑務所FILE

お尻の穴までチェック

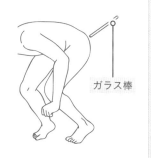

ガラス棒

身体検査では、肛門の中までチェックされる。肛門にガラス棒を押し込まれ、直腸に何か隠していないか確認されるのだ。

新入教育①

最初の試練となる新入訓練工場での厳しい訓練

受刑者にとって最初に経験する辛い時間は、新入訓練工場での指導だ。軍隊のような厳しい訓練を受けなければならない。

整列する
受刑者たち。

右へならえ！

刑務官

指導補助
刑務官の補佐をする受刑者。

軍隊のような歩行訓練

隊列のつくり方や、軍隊のような行進のやり方など、集団行動の訓練を行う。刑務官が「気を付け」と号令をかけたら、受刑者は背筋をピンと伸ばし、かかとをつけて気を付けをする。また、指導補助の受刑者が「オイチ・ニ」と号令をかけると全体で復唱しながら足踏みを行う。年齢や体力に関係なく少しでも怠けていると刑務官に注意され、何度でもやり直しをさせられるという。

新入教育②

山ほどある覚えなければならないルール

入所したばかりの受刑者は、掃除や食事の作法など刑務所生活でのあらゆるルールを覚えなければならない。

入所時調査

受刑者の履歴や家族構成、犯罪に至るまでの経緯など調査が行われる。担当の刑務官か専門官と独居房で面談をする。

雑居房での規則

点検や布団のたたみ方、掃除のやり方、食事の心得、工場での舎房衣の着方など生活に関わるあらゆる動作を教わる。

基礎体力の養成

基礎体力をつけるための運動を行う。ランニングや腕立て伏せ、腹筋など各自で自由に動いてよい。

刑務作業

ひと通りの説明を受けたあと、入所日も刑務作業を行う。誰にでもできる軽作業で、紙袋を折ったりする。

男性受刑者の坊主スタイルは3パターンある

被告人のときとは大違い！受刑者の厳しい現実

拘置所でも刑務所でも、房内にお金を持ち込むことはできない。そのため被告人や受刑者が持っているお金は、領置金として拘置所や刑務所の刑務官が預かることになる。裁判で執行猶予判決となった場合は、被告人は法廷釈放といってその場で釈放となるので、領置金も即座に返却される。拘置所の刑務官は過去の経験から「執行猶予付き判決」になりそうな事案がわかるので、被告人と共に拘置所を発つ際、領置金を裁判所に持っていくという。

一方、実刑判決が下された被告人は「受刑者」と呼び名が変わり、拘置所から刑務所へ転房となる。それまでの私服から囚人服に着替え、男子受刑者は髪を丸刈りにされる。丸刈りといっても原型刈り、前五分刈り、中髪刈りなど、長さが異なる3パターンの髪型が存在する。

また、拘置所では許されていたお菓子や飲料、カップ麺などの食べ物は、刑が確定した瞬間に全部廃棄処分となる。そのため刑が確定しそうな受刑者は、控訴や上告といった手続きの間にそれらを食べ尽くすという。

また、拘置所から刑務所へ移る際には、領置品の整理も再度必要になる。現金は領置金として日本銀行に無利子で預けられ、宝石や指輪といった領置品は刑務所の敷地内にある領置金庫か、会計課事務室などに置かれている大型金庫などに保管される。領置金品は、刑務所からの許可が下りれば家族に渡すことができるだけでなく、面会人に渡すこともできる。

ちなみに、刑務所に領置できるものの総量は各刑務所によって決められているので、その量を超えると購入物や差し入れの品々の制限を受けることになる。受刑者の多くは領置品をできるだけ少なくするために、不要な物に関しては自宅に送る「宅下げ」を行う。

髪型

反省を促すだけでなく衛生面も考慮！

男性受刑者は、刑務所内では坊主頭にしなければならない。
ただし、長さには若干の違いがある。

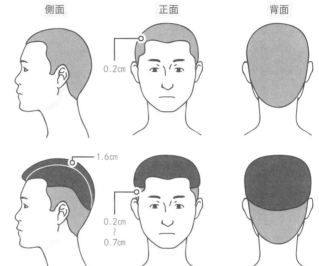

側面　　　正面　　　背面

原型刈り
原型刈りは、全体の髪を0.2cmに揃える髪型。いわゆる坊主頭でスッキリした見た目となっている。

0.2cm

前五分刈り
前髪とトップ部分の髪は1.6cm、それ以外は原型刈りと同じ0.2cm〜0.7cmに揃えるのが前五分刈り。

1.6cm

0.2cm 〜 0.7cm

領置品の整理
刑務所に入る前には髪型だけでなく、貴重品などの金品も整理する必要がある。携帯してきたお金は日本銀行へ、宝石や時計などは特別領置品として、大型金庫で保管する決まりとなっている。

刑務所FILE

仮釈放が認められると中髪刈りにできる

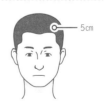

5cm

仮釈放が決まっている者や、残りの刑期が3カ月の者は、5cm程度の長さがある中髪刈りという髪型が認められる。これは「刑務所帰り」ということを周囲に知られないための、刑務所側の配慮と考えられる。

広大な敷地にはグラウンドがあり、スポーツ大会が催される

入所の作法
その9

該当する人々				受刑者	

該当する施設			刑務所	

受刑者と刑務官がともに生活する特異な空間

ドラマなどでは周囲を囲む高いコンクリート壁ばかり強調される刑務所だが、敷地は塀の内側だけではない。堀の外の敷地には公園や林などの緩衝地帯があるほか、門から100m以内には官舎があり、刑務官のおよそ50％が暮らしている。

このように服役する囚人と、それを管理する刑務官が同じ敷地内に起居しているのが、日本の刑務所の特徴のひとつといえるだろう。暴動などの囚人トラブルもさることながら、地震や台風など天災はいつ訪れるかわからない。そうした予期せぬ事態が生じたとき、速やかに駆けつけるための備えである。これは刑務官の服務規程によって義務付けられていることでもある。ちなみに、官舎は無料のところもあるという。

塀の中に目を向けると、敷地の入り口にあるのが庁舎棟。刑務官の勤務場所で、ある意味、外の世界との唯一の接点だ。ここには所長室、会議室、総務部、作業事務、面会待合所などがある。そして鉄扉をくぐった先に、保安管理棟、舎房、病棟、工場棟、講堂、体育館、グラウンドといった施設がある。こうした塀の内側にあたる刑務所の実質的な部分を行刑区域と呼ぶ。

保安管理棟は刑務官のおよそ7割が働く場所。受刑者の生活全般を見る処遇部門、教育部門などの執務室がある。舎房は受刑者たちが寝起きする場所だ。ひとり部屋の独居房と、定員6人の雑居房からなる。

懲役刑は自由刑（身体拘束によって自由を奪う種類の刑）に作業義務が伴う刑罰である。その作業（刑務作業）のために設けられているのが各種の工場だ。受刑者が運動する際に使用されるグラウンドでは、運動会やソフトボール大会などのレクリエーションも催される。雨天時は体育館で運動をする。

受刑者たちが暮らす刑務所の全体図

建物

刑務所は刑務官が勤務する場所と受刑者たちがいる場所に分かれる。その全体図を見てみよう。

刑務所MAP

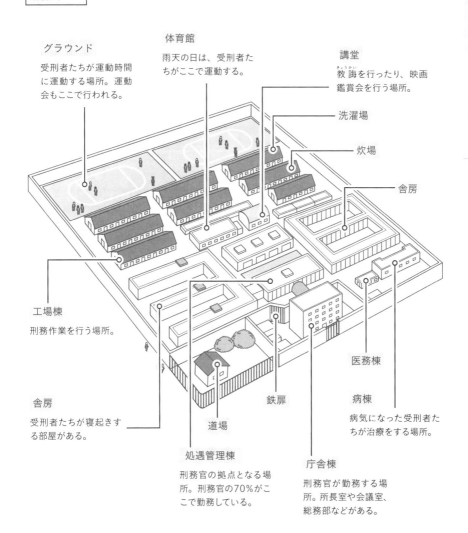

グラウンド
受刑者たちが運動時間に運動する場所。運動会もここで行われる。

体育館
雨天の日は、受刑者たちがここで運動する。

講堂
教誨を行ったり、映画鑑賞会を行う場所。

洗濯場

炊場

舎房

工場棟
刑務作業を行う場所。

舎房
受刑者たちが寝起きする部屋がある。

道場

鉄扉

医務棟

病棟
病気になった受刑者たちが治療をする場所。

処遇管理棟
刑務官の拠点となる場所。刑務官の70%がここで勤務している。

庁舎棟
刑務官が勤務する場所。所長室や会議室、総務部などがある。

懲役刑でなくても希望すれば刑務作業に参加できる

該当する人々 ▷	容疑者	被疑者	被告人	**受刑者**	その他

該当する施設 ▷	留置所	拘置所	**刑務所**	その他

刑期は1年未満から無期まで！受刑者たちの実態とは？

刑罰には拘留、禁錮、懲役、罰金・科料、死刑の5種類がある。

拘留は1日以上30日以内の短期間の服役。刑法の規定では罰金より軽い刑罰とされている。作業義務は課されず、短期のため刑務所に送られずに拘置所で刑期を終えることが多い。

無期または1カ月以上20年以下の長期にわたる拘禁が禁錮。作業義務はないが願い出ることは可能だ。常時、刑務官の監視を受けた状況での拘禁生活は相当なストレスのため、ほとんどの受刑者が刑務作業を希望する。

懲役は、拘禁に加えて作業義務が課される刑罰。刑期は1年未満から無期懲役まで、罪状によって大きな幅がある。課される刑務作業の内容は、製造、炊事、洗濯など実にさまざまである。

罰金・科料は、定められた金銭を支払うことで罪を償う刑罰。額面1000円以上1万円未満が科料で、1万円以上が罰金となる。払えなければ代わりに刑務所内での作業で清算することも可能だ。これを労役場留置という。期間は科料で1日以上30日以下、罰金で1日以上2年以下。この間、労役場に留置されて1日5000円〜1万円の換算で働くことになるが、たいていは労役を選ばずお金を支払って済ませる。

日本の法律で定められた最も重い刑罰が死刑だ。極刑ともいう。死刑囚は死刑執行されてはじめて受刑者となるため、立場上、執行前は未決囚となる。そのため、刑務所には移送されずに処刑場のある拘置所か、刑務所内の拘置支所に収容されるのが通例だ。

以上のほか、刑が確定して服役中でありながら、余罪の追及も受ける余罪受刑者という立場もある。その際は原則として拘置所に身柄を移されるが、裁判時には弁護人との面会も可能だ。余罪受刑者は個室が原則だが、ほかの受刑者と同じく刑務作業の義務がある。

処遇

服役中の処遇は5種類ある

受刑者によってもその処遇はさまざまで、大きく分けると5種類ある。その違いを解説する。

拘留

1日以上30日未満の短期受刑者。身柄を拘束され、刑務作業の必要はない。

禁錮

刑務所に収容されるが、拘禁されるだけで労役作業をする必要はない。

懲役

刑務所内で炊事・洗濯・製造などの刑務作業に従事する刑。

罰金

1万円以上支払う刑。お金を支払えない場合は、1日以上2年以下の期間、労役場で働く。

死刑

死刑囚は受刑者ではなく、被告人の扱いとなる。拘置所で待機し、処刑される日を待つ。

トイレは外から丸見え！
ストレス満載の雑居房生活

該当する人々	容疑者	被疑者	被告人	**受刑者**	その他

該当する施設	留置所	拘置所	**刑務所**	その他

トイレの中も外から丸見え!? 雑居房ではすべてが素通し

刑務所に収監された受刑者が日常生活を送る部屋は2種類ある。雑居房と独居房だ。雑居房は病院の大部屋、独居房は個室と考えるとイメージしやすいかもしれない。

雑居房は12畳程度の広さがあり、定員は6人となっている。それでも一時期、定員6名に対して8〜9人の受刑者が身を寄せ合っていることがあった。いわゆる刑務所の過剰収容問題だが、現在は緩和されている。

雑居房で暮らす懲役囚は、平日の昼間は刑務作業に出るのが原則となっている。そこで休憩などを含めて1日9時間を過ごすわけだが、それ以外の時間は雑居房から一歩も出ることができない。トイレや洗面台が設置されてはいるものの、トイレは外から中が見えるようになっていて慣れないうちは落ち着かない。雑居房はとことんプライバシーのない場所なのだ。

罪を犯して収監されているのだから不満のいえた筋合いではないが、このような状況なのでストレスが溜まる。口論程度は日常茶飯事で、それがケンカに発展することもある。とはいえ、だからといって部屋を出て行くわけにはいかない。同房の者と折り合いが悪くとも、耐え忍ばなければならないのだ。それも懲役が終わるまでの長期間である。そこで、なめられないように虚勢を張る受刑者もいる。シャバでの権力や裕福さを過剰にアピールする作戦だ。いわばハッタリだが、当然バレたときは逆効果となってしまうため、さじ加減が重要である。

誰も彼もがストレスにさらされた日々を送る雑居房。火に油を注ぐことがないように、イビキの習慣がある者は、みんなが寝静まったのを見はからってから眠りにつくという。不要なもめ事を回避するため、ときには涙ぐましいまでの努力が必要なのだ。

雑居房

プライベート空間ゼロの生活スペース

1部屋を6〜8人で共有する雑居房。トイレの中も見られてしまうなど、プライベートのスペースはない。

雑居房の様子

12畳ほどの空間で6人が定員。机で食事を摂ったり手紙を書いたり、読書をする。囲碁や将棋が1セット設置してあるという。トイレの壁は透明ガラスで中が見えるようになっている。

透明ガラス

手洗い場

布団

トラブルメーカーや同性愛者は独居房へ収容される

該当する人々	容疑者	被疑者	被告人	受刑者	その他

該当する施設	留置所	拘置所	刑務所	その他

対人ストレスは少ないが昼夜ひとりきりはとても孤独

独居房は文字通りのひとり部屋。3畳ほどしかないが、書き物机に私物を置く棚、洗面台やトイレもある。ほかの受刑者に気を使わずに済むが、話し相手がいないのは精神的にきつく、ともすれば孤独と退屈に押しつぶされてしまう。対人関係のトラブルとは無縁なのにもかかわらず、独居房を避ける受刑者が多い理由だ。

独居者の多くは、集団生活ではほかの受刑者に悪影響を与えるおそれがある者。たとえば同性愛者や暴力団の幹部などだ。規律違反者を取り調べたり、反省を求めたりするため懲罰目的で収容することもある。懲罰のための収容は閉居罰といい、ラジオ放送も聴けず、読書も禁じられる。必ずしも希望通りにはならないが、勉学目的のため願い出て独居房に入る者もいる。

また、独居房のひとつに保護房とい

うものもある。逃亡のおそれのある者、暴行・傷害・自殺・自傷のおそれがある者などが入れられる。

独居房での生活には3パターンある。まず、夜間独居者。昼は工場で刑務作業を行い、夜は独居房に戻る。一定のプライバシーは欲しいし、対人トラブルはご免。でもずっとひとりきりは寂しいという人には最適かもしれない。

次に昼夜間独居者。工場での刑務作業は認められず、独居房で封筒貼りなどの軽作業を黙々と行う。集団生活に不適格な者、懲罰中の者はこのパターンとなる。運動や入浴、面会などのほかは独居房内で過ごし、室外に出る場合でも単独行動が原則だ。

最後に、他者といっさい接触厳禁なのが厳密独居者。ほかの囚人を扇動するおそれがあるボス的存在、ケンカの常習者など、保安上隔離が必要な者が該当する。夜間独居者や昼夜独居者は、入浴時などにほかの受刑者と会う機会が得られるが、厳密独居者はそれもない。

独居房

話し相手がいなくて退屈!?

複数人を収容する雑居房で生活できない者に用意されている独居房。どのような人々が収容されるのか?

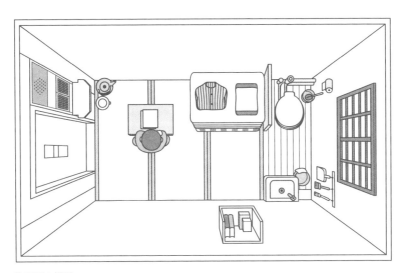

独居房の様子
4畳ほどの部屋に、洗面台やトイレ、小机や私物の棚などが備え付けられている。対人関係の煩わしさはないが孤独である。

独居房に入れられる人々

暴力的な者
集団生活をしていると、何かとケンカや暴行を繰り返すトラブルメーカー。こういう者は独居房に入れていたほうが管理しやすい。

薬物依存者
薬物依存者は、禁断症状を起こすとほかの受刑者に危害を加えてしまう恐れがある。独居房に入れておいたほうが安全である。

同性愛者
雑居房に同性愛者を入れてしまうと、かえって喜びを与えることになりかねない。独居房で罪を償わせるのが妥当である。

必ずしも労働ばかりではない
懲役受刑者の１日

拘束８時間で実働は７時間 余暇も意外に充実している？

受刑者の１日は、午前６時45分の起床をもって始まる。７時に開房点検（点呼）があるので、速やかに布団を上げ、着替えて正座して刑務官を待つ。全員の点呼が終われば朝食。それから洗顔などを済ませて７時40分に舎房を出て工場に向かう。遅刻は許されない。工場に出入りする際には、必ず検身が行われる。このときリンチの痕がないかも調べられる。

午前８時に刑務作業がスタート。私語は厳禁で、作業上の会話も看守の許可が必要だ。トイレに行きたくなったときなど、作業中に離席するときは必ず刑務官の許可を得る。昼食は11時40分から、工場の食堂でとる。嫌いな食べ物は残してもいいが、保存や授受は禁止となっている。

午後も引き続き刑務作業となる。その合間に30分の運動時間が設けられており、野球やジョギングなど思い思いに体を動かす。入浴も同じく作業時間の合間に行われる。基本は週２回で夏場は３回。時間はわずか15分間。工場ごとに数十人が入れる大きな浴場を利用する。作業終了は16時40分。基本的に残業はない。以前は隊列を組んで行進しながら舎房に戻っていたが、現在は普通に歩いているところが多いようだ。運動や午前午後各15分間の休憩を差し引けば、作業時間は８時間拘束のうち実質７時間ほどである。

17時に舎房で閉房点検があり、17時10分から夕食。その後は自由時間となって、録音されたラジオ放送やＢＧＭが房内に流れる。19時から20時まではテレビの視聴や、同房の者との会話、読書や手紙の作成も許される。中には通信教育の自習をする者もいる。また、刑務所によっては仮就寝が許されており、仮眠をとることも可能だ。消灯は21時。真っ暗にはならず、小さな蛍光灯が点灯している。

受刑者の1日

毎日が同じことの繰り返し！

罪を犯した受刑者たちを待ち受けるのは規則正しい生活。
1日のタイムスケジュールを紹介する。

6時45分

起床
規則正しい刑務所の朝は、6時45分から始まる。

7時

点検
起床したら10分以内に布団をたたんで点検開始となる。

7時10分

朝食
舎房にて朝食タイム。その後は整列して作業場のある工場へ移動。

8時

出房
刑務作業が開始される。15分ほど休憩があり、11時40分に昼食となる。

11時40分

昼食
昼食は12時20分まで。終業の16時40分までに15分間の休憩を挟む。

16時40分

還房
作業が終わると再び整列をして舎房へ戻る。

17時10分

夕食
舎房にて点検後、夕食タイム。

19時

仮就寝
本を読んだり、テレビを見たりすることができる。布団を敷いて横になってもよい。

21時

就寝
電気がほぼ消され就寝となる。刑務官が見回れるくらいの、明るさが保たれている。

刑務作業でもらえるお金は、平均月額4500円未満

該当する
人々 ▷ 容疑者 被疑者 被告人 **受刑者** その他

該当する
施設 ▷ 留置場 拘置所 **刑務所** その他

スムーズな社会復帰のため受刑者に勤労体験を!

受刑者に規則正しい勤労生活を送らせ、職業的知識と技能を身に付けさせるのが刑務作業の目的だ。仕事を通じて自らの役割や責任を自覚できるようになれば、社会復帰もそれだけ容易になる。受刑者は入所後1〜2週間以内に考査訓練(新入教育)を受け、刑務所の幹部による面接(分類審査)に基づいて、どの刑務作業に就くかが決定する。刑務所側から指定されるのが原則で、決まれば受刑者の意思による変更は不可能だ。

作業内容は多岐にわたるが、受刑者の希望が通ることは稀である。種類としては国の歳入となる生産作業、刑務所の運営に関わる自営作業(炊事、洗濯、清掃など)、一定期間訓練を行い免許や資格を取得させる職業訓練の3つがある。

刑務作業のうち、受刑者間で特に人気が高いのは自営作業だ。官本の貸与作業や差し入れ本の整理をする図書工、作業報奨金(受刑者の給料)の計算などを行う官計算工も人気だが、かなりの狭き門である。模範囚には転業願いを出すことが許されているが、まず許可は下りることはない。しかも模範囚以外が転業を願い出ると作業拒否と見なされ、独居房で謹慎させられる場合もあるという。

受刑者の80%は生産作業に組み込まれ、木工、印刷、洋裁、金属加工など各種生産作業に従事することになる。また、仮釈放が決まった受刑者には社会復帰に備える意味で、外部の工場などに刑務官の付き添いなしで通勤させることもある。

労働時間は1日8時間で基本的に残業はない。一方、作業報奨金の平均月額は4500円に満たない。時給に換算すると数十円の超薄給だ。作業報奨金は出所時にまとめて支払われるのが原則で、平均は5万円程度である。

作業報奨金

受刑者がもらえるお金は月額約4500円！

何かしらの作業をしなければならない懲役刑の受刑者たちには、微々たるものだが、作業報奨金という報酬が発生する。

等級別基準額

等級	基準額（時給）	滞等月数（一例）
1等工	39円00銭	―
2等工	30円80銭	8カ月
3等工	24円80銭	7カ月
4等工	20円80銭	6カ月
5等工	20円40銭	5カ月
6等工	14円70銭	4カ月
7等工	11円40銭	3カ月
8等工	9円10銭	2カ月
9等工	6円80銭	1カ月
10等工	5円50銭	1カ月

先月から昇等したぞ

昇等

等級が上がることを昇等といい、刑務官から告げられる。ちなみに10等工から1等工までに昇等するには、早くても3年以上かかる。

昇等するためには？

真面目にこなす

昇等は基本的には年功序列。真面目に刑務作業に従事すれば、昇等できるようになっている。

腕に覚え

技能や作業成績が優れている受刑者の場合は、必要な滞等月数の3分の1程度で昇等となる。

刑務作業

懲役刑は働くことで罪を償っている

懲役刑を課せられた受刑者の大半は、刑務所内で作業をしている。受刑者たちの作業内容を見てみよう。

工場勤務
懲役囚の大半は工場内の刑務作業に従事する。刑務所によって作業内容は異なるが、木工、印刷、洋裁、金属加工などの工場が刑務所内にある。

図書工
刑務所内にある図書館の本を収容者に貸し出す係。本の整理・整頓なども行う。

官計算工
収容者の作業報奨金の計算など、経理関係の仕事に就く者。

刑務所FILE

転業したければ真面目に働くこと

受刑者は転業を申し出てもなかなか認められることはない。転業したければ、与えられた仕事を真面目にこなして、刑務官からの評価を上げることが大事だという。

衛生係

受刑者たちの洗濯物の回収や、風呂の準備など
を行う仕事。刑務所内の舎房や工場を回るため、
所内の情報にやたらと詳しくなる者も。

炊事係

受刑者の食事をつくる係のため、ほかの受刑者
よりも1日のスタートが早い。土日や祝日もシフト
制で働かなければならないが、その代わり平日
に代休がとれる。

外部作業

刑務所から外部の事業所に通勤し、働いたり職
業訓練を受けたりする者もいる。仮釈放者のた
めの教育の一環として行っている。

刑務所FILE

受刑者たちの製品が購入できる矯正展

刑務所でつくられた刑務所作業製品の展
示即売会が、全国各地で行われている。
インターネット通販でも購入することがで
きる。

資格がとれる科目は約100種類!
刑務所の職業訓練

該当する
人々 ▷ 容疑者 被疑者 被告人 **受刑者** その他

該当する
施設 ▷ 留置所 拘置所 **刑務所** その他

公費による無料の訓練のため
応募のハードルは高め

出所後の社会復帰を助けるため、受刑者が希望すれば刑務所内でさまざまな職業訓練を受けることが可能だ。受講することで免許や資格を取得したり、当該職業に必要な知識及び技能を習得したりすることもできる。

1年の訓練期間を基準として、溶接科、建設機械運転科、情報処理科、ＯＡ事務科、パン・菓子製造科、理容科、美容科、介護サービス科など、訓練種目は100種近くに及ぶ。

職業訓練の方法には「総合訓練」、「集合訓練」、「自庁訓練」の３種類がある。総合訓練は全国から受刑者を受け入れて行う専門性の高い職業訓練で、全国８カ所の刑務所が総合訓練施設に指定されている。集合訓練は矯正管区（全国８つに分けられた管轄区域）ごとに、管内の刑務所から受刑者を選定して集合訓練施設で実施する訓練。

自庁訓練は各刑務所が独自に計画して行っている訓練だ。いずれも無料だが、結果的に全国７万人の受刑者のうち1500人ほどしか受けることができない。応募には厳格な基準が設けられているからだ。

基準は下記のようなものとなっており、①刑期が１年以上残っている。②中学卒業程度、またはそれ以上の学力がある。③行状良好で訓練達成の意思がある。④当該職業及び訓練に適性がある。この４つの条件を満たしたうえで、最後はＩＱと学力によって決まる。刑期が短い場合は通信教育などで資格や技能の取得を選択することも認められているが、こちらは自費となる。

職業訓練の制度は受刑者の更生を目的に運用されているが、問題点も指摘されている。就職しようとしても、修了証明書を見て元受刑者とバレてしまうのだ。資格を取ってもどうせ社会復帰できないなら……と、最初から受講をあきらめる者が多いのも実情である。

職業訓練

刑務所内では資格の取得が可能

希望する受刑者は、職業訓練を受けて資格を取得することができる。取得できる資格は100種類近くに及ぶ。

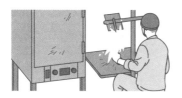

溶接
ガスを使うガス溶接や、アーク放電といわれる放電現象を利用したアーク溶接などの修了証が得られる。

フォークリフト
フォークリフトの操作に必要な知識や技能が学べる講習が受けられ、修了証が得られる。

介護福祉
介護福祉士の資格は取得できないが、資格の取得に不可欠な実務者研修を修了することができる。

自動車整備
自動車の構造や、自動車検査に必要な技能が学べる。自動車整備士の資格を取得することもできる。

職業訓練を受ける理由
職業訓練をしている間は刑務作業が免除となる。そのため職業訓練を希望する多くの受刑者は、資格が欲しいというよりも、働かなくて済むというのが本音だという。

資格を取得しても実社会で使えない!?

出所後は、元受刑者であることを明かしたくない者が多い。修了証があることで過去が暴かれる危険性があるため、多くの受刑者は刑務所内で資格を取得しても、資格とは無縁の職業に就くらしい。

入所の作法 その16

受刑者のひとりあたりの年間予算は約50万円！

該当する人々 | 容疑者 被告者 被告人 **受刑者** その他

該当する施設 | 留置所 拘置所 **刑務所** その他

刑務作業による収益で受刑者の経費を賄うのが原則

刑務作業を通じて受刑者が得る作業報奨金は月額4500円程度である。これは一般労働者の平均賃金の約1.5％であり、人権問題の観点から批判する声も少なくない。

日本の刑務所運営の原則は自給自足。受刑者は刑務作業の収益をもって、衣食住に関する経費を賄うという考え方である。2017年に刑務作業を通じて国庫に入った収益は39億円。受刑者に支払われる作業報奨金のコストとしては、ざっくり約24億円。15億円の黒字となるが、刑務所のコストは作業報奨金だけではない。受刑者の生活にかかる費用を合計すれば、この程度では簡単に赤字に転じてしまう。

ちなみに、施設の維持費や刑務官の給与は税金から支払われる。

法務省から下りる刑務所の予算は、その性質から「矯正官署費」、「矯正収容費」、「刑務所作業費」に大別される。矯正官署費は刑務所職員の人件費、保安設備の機材整備費や保守料など。矯正収容費は受刑者の収容に直接必要な経費だ。食費、被服費、報奨金、燃料費（炊事・風呂など）、光熱水費、さらには旅費（護送費用）などもこれに含まれる。刑務所作業費は、刑務作業に用いる機械・器具の購入費などだ。それらを合わせると、計算上は受刑者ひとりに年間約300万円が必要になる。そのうえで報奨金の増額となると予算を増額するよりないが、その原資はやはり税金。なかなか国民の理解を得ることは難しいだろう。

受刑者ひとりあたりに使える予算は年平均で約50万円と実情は厳しく、流用は厳禁となっている。食費、被服費、旅費、報奨金は不足したり、余らないようにする決まりだ。そこで収容諸費と呼ばれるそのほかの予算を、光熱水費、消耗品費、医療費などに適宜割り振りながらやりくりしている。

受刑者の費用

受刑者ひとりに、どのくらいお金がかかる？

刑務所の運営には多額の税金が使われている。受刑者ひとりにかかる予算を詳しく見ていきたい。

受刑者1日あたりの費用

食費（約420円）
朝、昼、夜の三食分の費用。1食あたりの食事代は140円程度となる。

水道光熱費（約90円）
一般社会と比べて風呂の回数が少なく、冷暖房もほとんど使うことがないので非常に安く抑えられている。

被服費（約40円）
受刑者の服は、舎房着や寝間着、刑務作業で着る作業着に加え下着くらい。1日あたりおよそ40円で、年間でも1万4600円程度。

医療費（110円）
現在のところ1日あたり110円だが、受刑者の高齢化が進む今後は増える可能性が高い。

旅費（60円）
受刑者を運搬するための護送バスや、飛行機、列車などの運賃を含めた金額。基本的に刑務所の外に出ることはないため非常に安い。

年間約50万円　　　年間約300万円

受刑者ひとりあたりの費用は年間で約50万円。ただし、矯正施設にかかる管理費や維持費が含まれておらず、それらを含めると約300万円といわれている。

受刑者にはランクがあり、上がれば上がるほど自由になれる

該当する人々 ▷ | 容疑者 | 被疑者 | 被告人 | 受刑者 | **その他**

該当する施設 ▷ | 留置所 | 拘置所 | 刑務所 | **その他**

累進級1級と4級では待遇は雲泥の差！

　刑務所や拘置所などの刑事施設は、以前は監獄と呼ばれていた。監獄の運営管理と被収容者の処遇を定めた1908年施行、2007年廃止の監獄法。この旧監獄法時代を象徴するのが累進処遇制度であった。更生に向けて真面目に努力し、それが評価されれば4段階ある累進級（ランク）が昇級し、それに応じて待遇も変わる。

　評価対象は生活態度、更生意思の強弱、作業への取り組み姿勢とその成績、共同生活での協調性など。ランクが上がるにつれ、購入できる物品や面会の回数、手紙の発信回数も増えていく。また、検身の有無や集団散歩（手錠なしでの社会見学）の許可、作業賞与金（現在の報奨金）の使用制限緩和など、自由にできる範囲も広がる。

　懲罰を受けると降級させられることもあるが、1級ともなれば扉の無施錠や、房内に花や絵を飾ることも許される。さらにはお菓子付きの映画鑑賞も、1級は月2回、2級は月1回、3級は2カ月に1回、4級はナシというように、級ごとに差がつけられていた。

　こうした累進処遇は社会復帰への準備期間という位置付けではあったが、画一的で、個々の処遇より施設の秩序維持が優先されるきらいがあった。そこで監獄法の廃止にともなって累進処遇も廃止。代わりに新たな刑事収容施設法のもとで、制限の緩和、優遇措置がとられるようになった。

　制限の緩和は、受刑者に自発性や自律性を身に付けさせるため、受刑生活及び行動に対する制限を4つの区分に分け、目的達成状況に応じて順次制限を緩和するもの。優遇制度は、一定期間ごとの受刑態度の評価に基づいて優遇処置を講ずるもの。こちらは5段階に区分され、上位ほど優遇措置（面会回数や発信回数、自弁物品の使用範囲など）が拡大されるようになった。

累進処遇

不自由を緩和させる管理システム

かつて刑務所には累進処遇という優遇制度があった。1級から4級まであり、1級は好待遇であったという。

映画鑑賞

累進級が1級の場合、映画鑑賞の時間が月2回ほどあった。2級は月1回、3級は2カ月に1回で、4級の場合は映画を見ることはできなかった。

図書館の利用

かつては累進級が1級の者だけが図書館を利用することができた。現在は受刑者の人権が尊重され、希望する者は誰でも利用できる。

写真の所持

累進級が3級と4級の者は、写真を所持することが認められなかった。現在は、検閲を通った写真であれば所持できるようである。

夜間独居

累進級が1級と2級の者の場合、昼間は刑務作業、夜間は独居房で過ごすことが認められていた。

書画を飾る

累進級が1級の者が認められた処遇には、居房に書画を飾るというものもあった。

column ①

定員オーバーしていたのは
寿命が関係していた!?

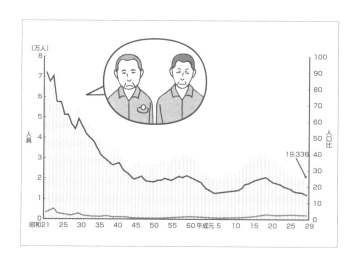

およそ15年で収容人員が3万人増加！

　法務省の統計によると、刑務所及び拘置所の収容人員は、平成5年に増加に転じて以降、平成19年まで年々増加傾向にあった。男女合わせて約5万人程度で推移していた収容人員が、年月を重ねるごとに6万人、7万人と増えていき、遂には8万人に達したのだ。ちょうどその時期に問題になったのが、刑務所の過剰収容である。収容率が100％を超え、定員6人の雑居房に二段ベッドを導入し、8〜9人を収容する事態が発生していた。戦後の混乱期ならまだしも、平成の時代に悪人が増えたというのは考えにくい。同じ犯罪でも求刑が上がったりしたことで、量刑が伸びたのだ。ある意味重罰化といえるが、求刑が上がったのは日本人の寿命が伸びたから……という説もある。

実録！

刑務所で起きた
リアル事件簿

犯罪者たちしかいない刑務所内で、トラブルが起きないはずはない。日常茶飯事で起きるもめ事以外にも、過去には伝説として残る暴動事件や、受刑者の自殺などさまざまな事件や事故が発生した。その実例を紹介していく。

事件1　天つゆ事件

昭和38年8月13日＠府中刑務所

騒擾（そうじょう）

食事中、天つゆの中に大根おろしを入れるか入れないかで受刑者同士がもめ、大規模な騒擾が起きた伝説の事件。あくまで大根おろしは事件の引き金であり、受刑者は日頃から相当なストレスを溜め込んでいたと考えられている。

事件2　洗濯工場火災事故

昭和46年2月24日＠川越少年刑務所浦和拘置支所

火災

溶接の火花がほこりに引火し、強風にあおられて洗濯工場が全焼してしまった火災事故。幸い洗濯工場は使用されておらず、死傷者はいなかった。これ以外にも、刑務所では不注意による火災がたびたび発生している。

事件3　メチルアルコール盗飲死

平成2年3月15日@水戸少年刑務所

刑務官の目を盗んで、工場内のメチルアルコールを盗飲した事件。普通のアルコールとは違って劇物であることを知らなかったのか、それとも自殺願望者だったのか、盗飲した受刑者は死亡してしまった。

事件4　舎房内チャンネル争い事件

昭和63年11月4日@網走刑務所

テレビ鑑賞中に、断りもなく勝手にチャンネルを変えた受刑者に対して、ひとりの受刑者が激しく立腹。口論に発展したのち、傷害を負わせた事件。そこまでして見たかった番組は何だったのか……。

事件5　ボールペン突き刺し事件

昭和54年7月14日@八王子医療刑務所

「殺してやる」と脅された受刑者が、身を守るためにボールペンで応戦。そのボールペンが頭部に突き刺さってしまったという傷害事件。被害者の男性は大事に至らずに済んだという。

事件6　えんとつ投身自殺

昭和51年2月13日＠府中刑務所

人生に悲観した元暴力団組員が、刑務官の目を盗んで炊事場のえんとつによじ登り、そこから身を投げて死んでしまった事件。えんとつの下で同じ組の兄貴分らが説得にあたったが、聞き入れることなく投身した。

事件7　舎房内イビキ口論事件

昭和48年2月17日＠甲府刑務所

雑居房という集団生活において、イビキを巡る口論は日常茶飯事。ただ、甲府刑務所では、そんな些細な口論から死亡者が出るという凄惨な事件が起こってしまった。口論の末、イビキをした被害者を撲殺してしまったのだ。

事件8　放屁暴行事件

昭和61年9月2日＠札幌刑務所

傷害

雑居房において被害者がオナラをしたところ、殴り合いのケンカに発展。殴られて被害者が転倒すると、加害者はさらに殴る蹴るの暴行を加えたという。被害者の男性は、骨折をする重傷を負った。

事件9　差し入れ脱走事件

昭和43年4月7日＠施設名不詳

脱走

受刑者が弟からの差し入れを使って刑務所外へ逃走した事件。使われたのは1冊の雑誌。検閲では問題なかったが、実は背表紙に金切ノコギリが仕込まれており、それを使って鉄格子を切断した。

事件10　浄化槽ガス中毒死事件

昭和40年7月18日＠施設名不詳

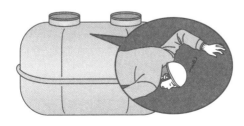

作業死

掃除係をしていた受刑者が浄化槽内に入ったところ、充満していたガスにより昏倒し、死亡した事故。このほかにも、刑務作業中に事故によって死んでしまう受刑者は少なからず存在する。

事件11
職員殺害事件

昭和47年7月31日
@大阪拘置所

職員
殺害

出所に不安を感じていた暴力団組員が錯乱して職員を殺害してしまった事件。

事件12
死刑執行直前自殺

昭和50年10月3日
@福岡刑務所福岡拘置支所

自殺

収容前に持ち込んだカミソリを使って、死刑執行直前に自殺してしまった事件。

事件13　大学入試問題事件

昭和43年1月2日@大阪刑務所

外部
侵入

○○大学
入試問題

釈放された元受刑者が、大学入試問題を印刷していた刑務所内の印刷工場に侵入し、大学入試問題を持ち去った事件。犯行グループの首謀者は、他殺体となって発見されたが、殺した犯人は見つかっていないという。

2章

暮らしの作法

刑務所へ入所すると、受刑者たちはあらゆる規則に縛られ生活することになる。慣れない集団生活、少ない食事、刑務官への絶対服従など、彼らを待っているのは、永遠にも思える過酷な時間。塀の中の知られざる受刑者たちの暮らしぶりを解説していく。

勝手に話すのはＮＧ！
受刑者の禁止事項

該当する
人々 | 初犯者 | 累犯者 | **外国人受刑者** | 刑務官 | その他

該当する
施設 | 独居房 | 雑居房 | 工場 | その他

刑務官に逆らうと懲罰が待っている

　刑務所における受刑者の生活は、実質的に刑務官にコントロールされるものと考えていいだろう。刑務官に対して反抗することは「担当抗弁」と呼ばれ、れっきとした懲罰の対象である。これを行った場合、10～15日もの間、懲罰房に入ることになる。

　担当抗弁は刑務官に対して口答えや反抗的な態度をすることだが、受刑者が刑務官に対して手を出してしまった場合は、「職員暴力」と呼ばれ、非常に重い懲罰を科せられる。懲罰房よりも懲罰が厳しい保護房で手足を拘束され、2～3日監禁されるのだ。刑務官がケガを負った場合には、当然、刑事責任を問われることになる。

　些細な言動も担当抗弁とされてしまう危険性もあるので、刑務官に素直に従うのが刑務所暮らしの鉄則だ。

　ほかに受刑者が従うべき規則として

懲罰の対象となる行為は、次のようなものがある。刑務官の指示に従わず無視をする「指示違反」。刑務作業中に刑務官の許可なく席を離れる「無断離席」。無断で受刑者同士で会話をする「不正交談」。受刑者同士の間で、物品や食事のやりとりをする「不正授受」。刑務作業での工場で、定められた物以外をつくる「不正製作」。水道の水を使って、自分で勝手に衣類を洗う「不正洗濯」。定められた場所、時間以外で運動する「不正運動」。ほかの受刑者に暴力を振るう「暴力行為」がある。

　ほかにも、工場での刑務作業を拒否する「作業拒否・出役拒否」があるが、これは懲罰として別の工場に移ることになるため、ほかの工場に逃げだすために自ら進んで懲罰を受ける受刑者が多いという。

　こうした規則を破った場合、懲罰房に入れられるだけでなく、刑務作業で働いて得られる作業報奨金を削減されることもある。

懲罰

こと細かな規則が多いムショ暮らし

刑務所内で刑務官に少しでも反抗すると懲罰の対象となる。
受刑者はどんなに理不尽でも刑務官に従わなくてはならない。

この野郎！

職員暴力
刑務官へ暴力を振るうことは絶対にNG。刑務官にケガをさせた場合は傷害罪となり、より重い懲罰を受けることになる。

指示違反
受刑者の中には刑務官に反抗的な態度を取るものもいる。指示を無視したり、少しでも文句を口にすると懲罰の対象となる。

不正洗濯
部屋の洗面台で勝手にタオルや衣類を洗うと懲罰の対象となる。夏場は衣類や帽子などが汗臭くなり、隠れて洗う受刑者が多いという。

不正授受
ちり紙などの貸し借りや食べ物の譲渡は、お互いが懲罰の対象となる。食事中は嫌いな食べ物や残した物でも他人にあげてはいけない。

新人、根暗、嘘つきは イジメられやすい

該当する人々	初犯者	累犯者	外国人受刑者	刑務官	その他

該当する施設	独居房	雑居房	工場	その他

同房に入ったメンバーとは 24時間ずっと一緒に過ごす

日々の生活の中で人間関係が重要なのは、一般社会でも刑務所でも変わらない。特に複数の受刑者とともに毎日を過ごすことになる雑居房では、人間関係に気を付けないといけない。

雑居房で一緒に暮らす仲間とは、刑務作業だけでなく、レクリエーションの時間も一緒に過ごす。雑居房での人間関係が険悪なものだと、刑務所内でのすべての時間をギスギスした空気の中で過ごさなければならなくなるのだ。

雑居房内でイジメのターゲットになった場合は当然ながら逃げ場がない。特に刑務所では通過儀礼のように新人がイジメのターゲットになる場合が多いという。新人以外では、暗い性格で冗談が通じないタイプ、嘘の自慢ばかりするタイプ、同性愛者、性犯罪者（特に子どもをターゲットにした犯罪者）、不潔といったタイプの人がイジメのターゲットになりやすい。イジメは暴力にとどまらず、糞便を食べさせたり、わいせつ行為の強要をさせられたりなど、悪質なものも存在する。

ほかにも、なめられないように同房の人間にハッタリをかます受刑者も多い。なぜなら、受刑者が何者かという情報は、知り合いでもいない限り、自己申告が基本となるからだ。刑務官は罪状などを知っているが、受刑者の個人情報を話すことは固く禁じられているので、受刑者の嘘が刑務官からバラされることもない。

そのため、自分の存在を大きく見せるために、罪状を派手なものにしたり、自分の経歴を盛ったりして、嘘をつくことも非常に多いのだ。

なお、雑居房でトラブルが起きた場合、基本的に連帯責任ということにも注意するべきだろう。たとえば、誰かひとりがルールを破ってテレビの視聴を禁止された場合、雑居房のメンバー全員がテレビを見られなくなるのだ。

人間関係	刑務所内でイジメられやすい人たち

刑務所内でのイジメやリンチは日常茶飯事。イジメのターゲットにされやすい人たちを紹介する。

嘘の自慢ばかりする人

イジメが多い刑務所の中では、嘘で身を守る人が多い。金持ちだったことをアピールしたり、ヤクザの幹部だったと嘘をつき、身元がバレてリンチされる人もいる。

根暗でおとなしい人

人とコミュニケーションを取ることが苦手で、冗談が通じないタイプの人はイジメのターゲットになりやすい。

新人

入所したばかりの新人は、必ずイジメられる。刑務所内の伝統行事ともいわれ、先輩が寝ている新人を踏みつけることもよくあるという。

クレームや要望は
願箋に書いて提出
（がん　せん）

該当する人々 ▷	初犯者	累犯者	外国人受刑者	刑務官	その他

該当する施設 ▷	独居房	雑居房	工場	その他

☍ 不服なことがあった場合は用紙に書いて申し立てる

刑務所内の受刑者たちは、権利を大きく制限される。そのため、何か希望があれば、いちいち担当者にお伺いを立てなければならない。この願いごとをするために使用するのが「願箋」。刑務官に提出する用紙である。

「家族に作業報奨金の中から1万円を送りたい」「友人宛に手紙を出したい」などといった希望がある場合、受刑者は願箋に自分の名前と所属、希望を書いて提出する。

「自分の住所を忘れてしまったので、教えてほしい」「ひざが痛くて正座できないので、点検のときにあぐらをかかせてほしい」といった、口頭のやりとりで済みそうな願いも願箋に書いて提出しないといけない。

願箋は、受刑者が不服を申し立てる際にも使われる。刑務所内で不当な扱いを受けた場合には、刑務所所長、法務大臣、刑事施設視察委員などに対して不服の申し立てができるのだ。この制度は「不服申立制度」と呼ばれていて、申し立てが認められれば、是正措置がとられることになっている。

不服申立に関しては、「反則行為をしてないのに懲罰を科せられた」「納得のいく説明もないまま進級を取り消された」などといった重大な内容のものもあるが、「洗濯物が充分に乾いていない」「運動場で使うサンダルが大きすぎる」といった些細な内容のものでも申し立ては可能である。

なお、受刑者の中には字を書くことが苦手な人もいる。ほかの受刑者に代筆を頼むことは禁じられているが、刑務官に代筆してもらうことは可能だ。ただし、その代筆の願いも願箋に書いて提出しなければならない。文章が書けないから代筆を頼むのに、その願いを書かなければならないので、文章がうまく書けない受刑者には非常にハードルが高くなっている。

願箋

困ったときは願箋を刑務官に提出する

受刑者たちは何かしたいことや欲しいものがあったとき、
願箋を書いて刑務官に提出し、申請をする。

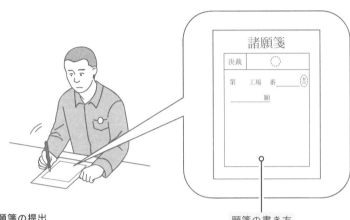

願箋の提出

受刑者は手紙を書きたいときや、刑務所内で
不当な扱いを受けたときの苦情などを願箋に
書いて申し立てることができる。

願箋の書き方

手紙を書きたい場合は、「知人に連絡
をとりたいので、手紙を出させてくだ
さい」など理由を書いて提出する。

願箋を刑務官に提出

願箋を書いたら刑務官に提出をする。願箋は
複数人の担当や係の刑務官に転送され、受
理されるまでに時間がかかるという。

不服申立制度

受刑者は些細な不服でも願箋に書いて申し
立てをすることができる。「部屋に虫がいた」
「腰が痛い」といった日々のクレームが多く、
刑務官は処理に追われるという。

寝巻はグレーのストライプ柄！
受刑者のファッション事情

刑務所の中で着用するのは
基本的に国からの借り物

　シャバと呼ばれる一般社会にいる人は、自分が着たい服を着ることができる。だが、刑務所の中ではそうはいかない。ちなみに、留置所と拘置所での服装は私服だが、自殺防止の観点から着用できる服の種類には制限がある。

　最も大きく制限されるのが刑務所だ。刑務所で着られるのは、国から貸与された衣服だけである。受刑者の衣服は、通常着ることになる「舎房衣」、刑務作業をする工場で着る「工場衣」、寝る際に着る「寝巻」である。

　囚人服というと、古い漫画やアニメに出てくるような白黒のシマ模様の服を思い浮かべるかもしれないが、舎房衣も工場衣もシマ模様ではない。舎房衣はグレーの霜降りで、工場衣は黄緑である。唯一、シマ模様なのはパジャマだが、横シマではなく、グレー地に黒の縦シマだ。

　舎房衣は通年用だと、上衣とズボン1本が支給される。このほかには、パンツ3枚、丸首シャツ1枚、靴下3組、サンダル1足、夏用の舎房衣として半袖の上衣と半ズボン、冬は厚手の下着上下2組、チョッキ1枚が支給される。

　工場衣は通年のものとして、上衣とズボン1本、帽子1個、丸首シャツ1枚、靴下3組、サンダル1足、運動靴1足が支給される。冬には厚手の下着上下2組とチョッキ1枚も支給される。

　ここで紹介した衣服は国から貸与されたもので、受刑者のものではない。だが、受刑者が自分で購入したり、差し入れされたりすることが許される服もある。とはいえ許可されているのは、丸首シャツ、パンツ、靴下、ランニングシャツ、運動靴、やや厚手の下着上下──国から貸与されるものとまったく同じである。メガネも入所前に使用していたものの持ち込みや購入が可能だが、派手なデザインのフレームは認められていない。

服装	囚人服の基本スタイルは3種類

囚人服は部屋着である舎房衣と、工場での作業服である工場衣、寝るときに着る寝巻がある。

名札
舎房衣には、呼称番号と名前が書かれた布地が貼り付けられている。工場衣には名札のバッジを胸ポケットの上に付けるルール。

```
11
田中
```

舎房衣
グレーの長袖と長ズボン。夏は上が半袖、下が半ズボンになる。冬は薄手の長袖を下に着て、厚手の肌着であるメリヤス（股引）も着込む。靴下は黒色。

工場衣
黄緑色の長袖と長ズボン。夏は上は半袖になる。冬は舎房衣と同じで、長袖の重ね着と長ズボン、メリヤスに、チョッキ（ベスト）を着る。

寝巻
グレー地にストライプ柄の長袖と長ズボン。とても薄いので冬はメリヤスを着て寒さをしのぐ。

刑務所FILE

昔の舎房衣は赤色だった

舎房衣と工場衣の色は度々変更になっている。明治時代はどちらも赤色で、舎房衣はその後青やグレーになり、工場衣は最近になって黄緑色に変わった。

刑務所のご飯が臭いのは、古い米しか手に入らなかったから

該当する人々	初犯者	累犯者	外国人受刑者	刑務官	その他

該当する施設	独居房	雑居房	工場	その他

甘味のあるサイドメニューは受刑者からの人気が高い

刑務所の食事を指す「臭い飯」という有名な言葉がある。そして「臭い飯を食う」というフレーズは、そのまま「刑務所に入る」ことを意味している。

そもそもは受刑者の房が備え付けトイレであり、食べる際に近い距離にあるため、「臭い飯」と呼ばれるようになったと考えられている。また、戦後間もない頃は予算の関係で古い米しか手に入らなかったので、「臭い飯」になってしまったという説もある。だが、現代の刑務所の食事は臭くはない。むしろ、質素でありながら健康面に配慮されている。

主食の米は、麦と白米が3:7の割合でブレンドされた麦飯。麦を入れる理由は安価に腹をふくらませられるから、というものだ。だが、それと同時に麦飯は血糖値の上昇を緩やかにしたり、便通を整えたりする効果もある優

れた健康食である。

おかずとしてはトンカツ、おでんなどのメインメニューが1品、サラダや漬物などのサイドメニューが3品程度、そして汁物がつく。

食事の予算は受刑者ひとりあたり1日420円程度で、豪華とはいえないが、品数もあり、受刑者によってはシャバにいるときよりも充実した食事内容になっているかもしれない。

ただし、収監された刑務所にもよるが、刑務所の食事はあまりおいしくないという意見が多い。薄味の味付けで、しかも調味料が限定されているので、何を食べても同じ味付けのものを食べているように感じるらしいのだ。また、食事が冷えているのもまずく感じさせる原因のひとつである。

なお、主食は麦飯以外にパンの日もあり、受刑者には人気となっている。パンの日は「アマシャリ」と呼ばれるぜんざいなどの甘味のあるデザートも出るからである。

食事①

刑務所の食事ルーティーン

受刑者たちが食べる食事は味が薄くおいしいものではないが、栄養バランスがとれていて健康的である。

刑務所での食事

刑務所の食事は朝・昼・夜の3回で、朝は7時10分、昼は11時40分、夜は17時10分からの30分間が食事の時間となる。休日の夕食は16時と早く、受刑者たちは寝る前にお腹がすいてしまうという。平日の朝食と夕食は居房で、昼食は工場の食堂で食べる。休日は3食とも部屋で食事をとる。

ごはんは基本冷めている

刑務所の食事はいつも冷めている。特に昼食は食事の1時間前に運ばれるため冷たく、冬場は食事をしても身体が温まらないという。

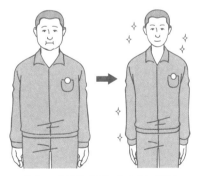

ヘルシーで栄養バランスのよい献立

薄味で味気ない食事だが、栄養バランスの取れた食事となっているため、受刑者たちは健康になって出所するという例も多い。

健康的な朝・昼・夜のムショ飯

主食は基本麦飯で、昼は揚げ物や麺類などボリューミーなものが多い。夕食も和食が多くヘルシーな献立となっている。

漬物　　缶詰

朝食
朝食は基本、麦飯とみそ汁が出る。おかずにはサンマ缶やかつお缶、たくあんや佃煮など。味が濃いおかずは受刑者たちに人気である。

果物　　ハンバーグ

昼食
昼食にはハンバーグやカツカレー、ラーメン、チキンカツなどボリューミーなものが出てくる。スープはコーンスープや卵スープなどバリエーションが豊富。

うどん

夕食
夕食の主食は麦飯のほか、うどんやそばも出てくる。焼き魚、肉じゃがやサラダなどヘルシーなメニューが多い。

刑務所FILE

ムショの語源は麦飯だった!?

かつて白米と麦のブレンドは7対3ではなく、6対4だったという。刑務所が「ムショ」と呼ばれるようになったのは、「6：4」の当て字にちなんでいるという説がある。

食事③

受刑者たちの最大の楽しみである人気メニュー

刑務所での唯一の楽しみは食事といっても過言ではない。
その中でも特に人気の高いメニューを紹介する。

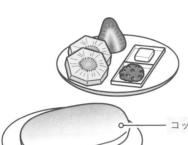

コッペパン

パンの日のアマシャリ

週に1〜2回、昼食に主食としてパンが出て
くる。受刑者たちはコッペパンを小倉あんや
ジャム、ぜんざい甘煮豆などの甘いものとと
もにいただく。

特食

祝日には食事とは別に無料でお菓子が配られ
る。これを「特食」といい、クッキーや板チョ
コ、かりんとうなどが食べられる。

週1メニュー

ラーメンやカレーが週1〜2回出てくる。ラー
メンは学校の給食に出てくるソフト麺。

刑務所FILE

月イチで配られる献立表は
楽しみのひとつ

1カ月分の献立表が配られる刑務所も
あり、受刑者同士で献立について話す
ことが多いという。

用を足すのはひとり5分以内！
トイレの際の厳格なルール

作業中に勝手にトイレに行くと懲罰の対象になる

古い刑務所は和式のトイレだが、新しい刑務所は洋式になっている。水洗トイレなので室内にニオイがこもることもない。快適そうだが、刑務所生活の中でトイレを使うためには、さまざまなルールを守らないといけない。

作業中の場合は、自分の判断でトイレに行くことは厳禁だ。刑務官の許可なく席を離れることは「無断離席」になり、懲罰の対象になるのだ。

トイレに行きたい場合は、まっすぐに手を挙げて「お願いします！」と刑務官に声をかける。刑務官から「よし」と指されたら「用便お願いします！」と希望を伝える。ここで許可を得ることでトイレに行けるのだ。

「用便」という表現は耳慣れないかもしれないが、刑務所では「トイレ」「お手洗い」などといった言葉は使われず、「用便に行きます」「用便お願いします」といういい方が一般的だ。

雑居房や独居房にはトイレが設置されていて、作業の時間帯と違って比較的自由に用を足すことができる。

とはいえ、気を付けないといけないポイントがある。たとえば、朝食後から刑務作業に移るまでには約30分の時間があり、ここで受刑者たちはトイレに行くことになる。雑居房には6～8人の受刑者がいるので、最大でもひとり5分しか使えない計算だ。

そのため受刑者は、すぐ用が足せるように準備しておく。トイレの前でズボンを脱いで下半身はパンツだけという姿になり、ちり紙を手に持っておくのだ。こうしておいて、前の人がトイレから出てきたら、刑務官に声をかけてトイレに入り、すばやく用を足す。

また、規則で定められていないルールとして、小便のときでも立ってしないというものがある。これは単に音が響いてうるさいからであり、音を立てないように座らなければならない。

トイレ

トイレの入り方にも作法が存在する

一般社会では落ち着く場所のトイレだが、刑務所の場合は
ルールや制限があり、かなり慌ただしく用を足す必要がある。

雑居房
6～8人で共同生活している雑居房では、トイレに入るときは早く済ませられるよう片手に
ちり紙を持ち、ズボンを脱いでパンツ1枚の格好で並ばなければいけない。前の人が出て
きたら「用便お願いします」と刑務官にすぐに声をかけ、早足でトイレに駆け込む。

作業中
刑務作業中にトイレに行きたい場合、無断で
離席すると懲罰の対象となる。必ず挙手し、
刑務官に「用便お願いします」と声をかけ、許
可が下りるまで席を立ってはいけない。

独居房
便器がむき出しで設置されている独居房で
は、ニオイの問題がある。悪臭の漂う部屋で
食事をとらなければならないのは、最初のう
ちはなかなかの苦行である。

風呂は週に2〜3回だが、調理担当は毎日入浴ができる

該当する人々 ▷	初犯者	累犯者	外国人受刑者	刑務官	その他

該当する施設 ▷	独居房	雑居房	工場	その他

多くの刑務所では入浴の手順も最初から最後まで決まっている

シャバでは季節を問わず毎日入浴する人が圧倒的と思われるが、刑務所では風呂に入れる日が決まっている。

入浴できるのは、春、秋、冬は週2日、夏は週3日だ。回数が少ないのは、風呂をわかす燃料費や水道料といった出費を抑えるためである。

日数が限られているだけでなく、入浴時間も決まっているので、ゆっくりとお湯につかって疲れをとるということはできない。

入浴で使える時間は、どの季節でも15分間。その時間内に身体や髪を洗い、ひげを剃り、浴槽につかる。15分を過ぎてしまった場合、石鹸の泡が身体についている状態でも、浴場から出なければならない。

時間厳守であるため、浴場内には時間を知らせる電光板が設置されている。この電光板は5分ごとに青、黄色、赤と点灯していって、経過した時間がわかるようになっているのだ。

多くの刑務所では入浴の手順も、以下のように決められている。まず軍隊のように整列して、大きく手を振って浴場に入り、左手にタオルと石鹸を持って浴槽の前に並び、右手に持った洗面器で湯を体に1回かける。3分間浴槽に入ったら、湯から出て体を洗い、最後の3分間ほど浴槽につかる。以上だ。このように、刑務所によって最初から最後まで細かいルールがある。

入浴できる日は限られているが、作業後にバケツの水で濡らしたタオルで身体を拭くことは許されている。これは「洗体」または「身体払拭」と呼ばれ、2分間で終わらせないといけない。また、休日の夕方に1回だけ洗体を行うことも許可されている。

なお、料理や清掃を担当する受刑者は毎日入浴できる。料理と清掃は清潔を保つ必要があり、肉体労働は汗をかくからである。

気軽に入れない刑務所の入浴タイム

浴場

お風呂に入るときも決して気を緩めることはできない。入り方にもルールがあるのだ。その流れを紹介する。

浴場　刑務所の入浴場は受刑者たちですし詰め状態となる。刑務所によって規則は異なり、入り方もさまざまなルールがある。

①入場

浴室に入るときは、軍隊のように整列し、手を振りながら中に入る。

④体を洗い、最後に浴槽につかる

浴槽から出たら、タオルと石鹸で体を洗う。最後にもう一度浴槽に3分間つかって終了。

③浴槽につかる

浴槽に入り、3分間つかる。

②かけ湯

左手にタオルと石鹸、右手に洗面器を持ち湯をくみ、1回だけ体にかける。

暮らしの作法 その8

受刑者の服は、大型のドラム式洗濯機でまとめて洗う

該当する人々 ▷	初犯者	累犯者	外国人受刑者	刑改者	その他

該当する施設 ▷	拘置所	少年院	**工場**	その他

洗濯だけでなく、服の修繕や布団の綿打ちも行われる

66〜67ページで紹介したとおり、「不正洗濯」は懲罰の対象となっている。これは、受刑者が勝手に衣類を洗濯してはいけないというルールで、節水のためという理由がある。では、受刑者の衣服は誰がどのようにして洗濯するのだろうか？

洗濯は受刑者自身が行うのではなく、刑務所内の工場で行われる。衣類は、洗濯工場で働く受刑者が回収する。房にまとめて置いておけば回収されて、その日の夕方にはきれいになって返却されるシステムだ。

一見すると非常に便利だが、洗濯できる衣類には決まりがある。毎日洗えるのは、下着と靴下のみ。肌着は2日に1回、舎房衣と工場衣は3日に1回しか洗濯できない。

洗濯工場では、大型のドラム式洗濯機、脱水機がフル稼働。乾燥機もある

が、これを使うのは雨の日だけで、洗濯物は天日干しされる。

大量の洗濯物を扱うので、紛失しないように、すべての洗濯物には、持ち主の受刑者番号と氏名が書かれた布片が縫い付けられている。

衣類の洗濯以外に、洗濯工場で働く受刑者は布団の綿打ち（古くなった布団をきれいにして新品のようにすること）、衣服の修繕や縫製も行っている。布団の綿打ちは綿打ち機という機械を使い、衣服の修繕と縫製は、ミシンを使って行う。

洗濯用の粉石鹸、固形石鹸、そして入浴で使う固形石鹸は、実は刑務所でつくられたもの。すべて横須賀刑務支所製である。刑務所作業製品即売所でも売られているので、一般家庭でも利用できる。

刑務所での洗濯はこのように行われているが、中には刑務作業として一般家庭の洗濯物のクリーニングを請け負っている刑務所もある。

洗濯

自分たちの服は自分たちで洗濯をする

刑務所には洗濯工場があり、衣類だけではなく、布団や枕カバー、帽子や靴などもすべて受刑者たちで洗濯している。

洗濯工場　刑務所内には洗濯工場があり、刑務所内の衣類はすべてここで洗濯しなければならない。どの刑務所にも大型のドラム式洗濯機が数台あり、受刑者の洗濯夫が作業している。乾燥機もあるが、雨の日しか稼働せず、基本的に洗濯物は天日干しで乾かす。

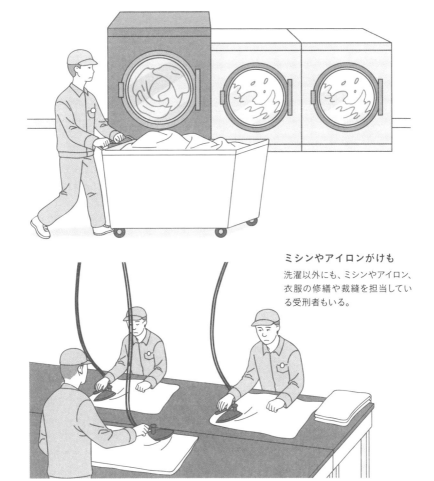

ミシンやアイロンがけも
洗濯以外にも、ミシンやアイロン、衣服の修繕や裁縫を担当している受刑者もいる。

最大15時間の睡眠が可能！
たっぷり眠れる刑務所生活

該当する人々	初犯者	累犯者	外国人受刑者	刑務官	その他

該当する施設	独居房	雑居房	工場	その他

眠っている間も守らなければ ならないルールがたくさん

ここまで紹介してきたように、シャバであればゆっくりリラックスできる場所であるトイレや風呂でも、刑務所独特のルールがあるため、ゆっくりくつろぐことはできない。

では、眠るときはどうだろうか？実は就寝時にも受刑者が守らなければいけない規則が定められている。

代表的なのが、布団や毛布で顔を覆ってはいけないというものだ。受刑者の顔を刑務官が確認することができなくなるのを防ぐためである。

そのほかに禁じられているのは、毛布や敷布を腹に巻くこと、全裸で寝ること、ほかの受刑者と一緒に寝ること、読書すること、私語をすることなどだ。規則を破っているのを刑務官に見つかった場合、2回目までは注意を受けるだけで済むが、3回目には取り調べの対象となり、懲罰（7日以内の減食、懲罰用の部屋に入れられる）を受けることになる。

なお、就寝時間中にトイレに行くことは認められている。ただ、かつて過剰収容で定員6人の雑居房に8〜10人が収容されていた時代には、トイレ前で受刑者が寝ることもあったため、同房者同士が「夜にトイレに行くことはやめよう」と申し合わせることもあったという。

こうした細かいルールはあるものの、肝心の睡眠時間自体はしっかりと確保されている。

消灯時刻は午後9時で、起床時刻は午前6時45分。10時間ほど寝ることができる計算だ。また、刑務所によっては「午睡」という1時間の昼寝時間が設けられているところもある。午睡中の私語は禁止など刑務所によって規則は異なる。申請すれば、午後5時から約4時間の睡眠をとることも可能だ。刑務作業がない「免業日」には、午前中から寝ている受刑者も多い。

睡眠時にしてはいけないこと

就寝

刑務所の就寝時間は21時と早く、眠れない受刑者も多い。
そんな睡眠時にもさまざまなルールがある。

顔を布団で覆ってはいけない

受刑者がしっかり寝ているかどうか刑務官が
確認するため、寝るときは顔に布団をかけて
はいけない。

他人と一緒に寝てはいけない

入所するときに同性愛者であることを申告し
ない者が多く、房内でカップルになり、同じ
布団で寝ようとする人がまれにいるという。

本を読んではいけない

寝るときに眠れないからといって読書をする
ことは禁止されている。ただひたすら眠くな
るのを待たなければならない。

会話してはいけない

眠れないからといって人と話すことは禁止さ
れている。消灯後も相手の顔が見えるほど明
るいため、刑務官に見つかってしまう。

朝夕2回の清掃をしないと
法律違反で懲罰が待っている!

該当する人々	初犯者	累犯者	外国人受刑者	死刑囚	その他

該当する施設	独居房	雑居房	工場	その他

生活の場である雑居房は役割分担して全員で清掃

受刑者は自分の生活の場となる舎房を自分で清掃しないといけない。これは法律で定められていることであり、清掃を行わない受刑者は懲罰の対象になってしまう。

舎房には掃除のための道具が常備されている。とはいえ、掃除機などの便利な家電は用意されておらず、使用できるのは、ほうき、ちりとり、はたき、ぞうきん、バケツである。

清掃を行うのは、毎日朝と夕方の1日2回。雑居房では全員で行うので、机を拭く係、畳を拭く係、窓を拭く係といった形で役割が分担される。これらの係は、刑務所側が決めるのではなく、同房者同士の話し合いで決める。

清掃だけでなく、整理整頓もしなければならない。布団もきちんとたたむ。たたみ方の一例としては、こういうものがある。敷布団を三つ折りにして、

そのうえに四つ折りにした掛け布団、毛布が貸与される季節には、さらにそのうえに四つ折りにした毛布を載せる。そして、寝具のうえに、座布団、パジャマ、枕を載せるのだ。

受刑者がどの程度、清掃や整理整頓をまじめにするのか疑問に思う人もいるかもしれないが、それは杞憂である。房内が汚い状態だと、房単位で減点されてしまうからだ。減点によるペナルティもあるし、前述した通り受刑者の清掃は法律で決まっていることもあって、受刑者は真面目に清掃と整理整頓を行い、舎房を清潔にしている。

なお舎房以外、刑務所の階段や浴室などの共用部分の清掃は、「内掃工場」で働く受刑者が担当する。内掃工場の仕事は、職員棟以外の刑務所全体の清掃である。草むしりや落ち葉集め、グラウンドや花壇の整備、各房のゴミ回収も行う。清掃以外では、舎房に置かれる消耗品の交換や配布も内掃工場の担当である。

掃除の分担は部屋ごとに決めて毎日清潔に

掃除の分担は部屋ごとに話し合って決める。法律で定められているため受刑者たちは部屋を清潔に保っている。

掃除の風景　雑居房では受刑者同士で話し合い、机を拭く人、床を拭く人、窓を拭く人といった分担を決める。トイレ掃除が一番大変な作業だが、トイレ掃除専用の薬剤はなく、石鹸を便器や床にこすりつけブラシやぞうきんで磨く。

布団のたたみ方

寝具にはたたみ方のルールがある。敷布団は三つ折りにし、その上に四つ折りにした掛け布団を置く。次に毛布を四つ折りにして重ね、寝具のうえには座布団、たたんだパジャマ、枕を乗せる。起床して点検が始まる10分間のあいだにキレイにたたまなければならない。

男性受刑者の頭髪は、
20日ごとに散髪して丸刈りに

該当する人々	初犯者	累犯者	外国人受刑者	刑務官	その他

該当する施設	独居房	雑居房	工場	その他

女子刑務所では女性受刑者が一般の女性の髪を切ることも

実刑判決が下されて受刑者となった男性は、髪を丸刈りにされる。丸刈りに関して、「なぜ丸刈りにされるのか?」「拒否できないのか?」と疑問に思う人もいるかもしれないが、「被収容者の保健衛生及び医療に関する訓令」で定められているため、拒否することはできない。

坊主頭にされてもしばらくすると髪は伸びてくるので、20日ごとの散髪によって再び丸刈りにされる。

このとき、理髪師が出張して散髪してくれるということはなく、散髪をするのは同じ受刑者の仕事である。散髪は専用の散髪スペースがあるわけではなく、受刑者用の食堂で行われる。丸刈りされる受刑者が順番に食堂に入って頭を丸刈りにされるのである。

なお、女性受刑者の場合は、ロング、おかっぱ、ショートと3種類の髪型が許されていて、男性と比べると非常に自由度が高い。

とはいえ、刑務所の入浴時間は短いため、ロングヘアの洗髪はせわしなくならざるをえない。しかもドライヤーがないためしっかりと乾かせない。そのため、ショートやおかっぱにする女性受刑者も多いという。

女子刑務所においても、髪を切るのは受刑者の仕事である。女子刑務所では職業訓練で美容師免許を取得した受刑者がカットを担当する。

女子刑務所によっては、敷地内で一般客相手に美容室を開放しているところもある。カットのほかに、パーマやカラーリングもすることが可能だ。ただし、やはり塀の外の美容室とはさまざまな違いがあり、客は女性限定、美容師と客との間の不必要な雑談は不可で、店内で客がスマホや携帯電話を使用することも認められていない。一般の美容院より7割ほど安い値段となっている。

受刑者の髪型は丸刈りオンリー

刑務所では20日ごと散髪を行う。女性に限り、比較的自由に髪の長さを選ぶことができる。

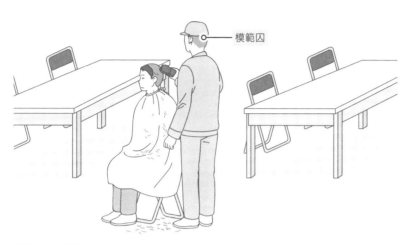

模範囚

刑務所での散髪
刑務所で行う散髪を「ガリ」という。基本は長さ0.2mmの丸刈りだが、少し長いスポーツ刈りの髪型にもすることができる。模範囚の受刑者が理髪を担当している。

女性の受刑者は髪の長さを選べる
女性の散髪は3カ月に1回。髪型はショート、おかっぱ、ロングの3種類が許され、ショートやおかっぱにする人が多いという。

出所間近の受刑者

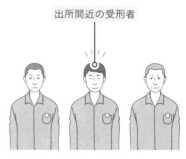

出所が近い受刑者は髪を伸ばせる
出所の30日前からは髪を伸ばすことができる。出所間近の受刑者は、髪の長さが5cmほどに伸びているため一目でわかる。

アダルト写真は
ひとりで楽しむ分には問題ナシ

該当する人々 ▷	初犯者	累犯者	外国人受刑者	刑務官	その他		該当する施設 ▷	独居房	雑居房	工場	その他

信教の自由は認められるが性に関しては制限が多い

刑務所の中での暮らしを考えるうえで、宗教と性も外すことはできない。受刑者にも信教の自由は保証されていて、自由時間に限り、礼拝などの宗教行為が許されている。

刑務所内では僧侶や牧師、神父などの宗教家による、「宗教教誨」という宗教講話も行われている。受刑者には仏教徒が多いこともあって、僧侶が宗教教誨を行うことが一番多いが、キリスト教や神道、さらには金光教や天理教などの宗教教誨も行われている。基本はグループで講和を聞くが、希望すれば個人でも受けることが可能だ。

とはいえ、世界三大宗教のひとつであるイスラム教への対応は遅れていて、2017年にはイスラム教の信徒である女性受刑者から改善を求める要望書が栃木刑務所と法務省に提出された。イスラム教徒の女性は礼拝時にスカーフで手と顔以外を覆わなければいけないが、その所持が認められなかったというのが要望書提出の理由だ。

外国人の受刑者も増えているため、今まで以上にさまざまな宗教に対応する必要があると指摘されている。

宗教の自由は認められているが、性に関しては認められない行為が多い。ただし、世間でよくいわれている「自慰行為は懲罰の対象」というのは誤りだ。とはいえ、自慰行為を人に見せる行為は認められない。

他人との性的行為も禁止。同性愛の関係になったことが発覚した場合、工場替えや部屋替えをして両者は引き離される。そのほかに禁止されているのは、「ほかの受刑者と一緒に寝る」「わいせつな絵や文を書いたり、所持したり、見せたりする」など。刑務所内で購入できる雑誌のヌード写真を見ることは問題ないが、雑誌を捨てる際にヌードの写真を切り抜いて所持することは認められていない。

性・宗教

男性しかいない刑務所での性ルール

刑務所内での性と宗教に関するルールはある程度自由が認められている。一部の規則と行いを紹介する。

禁止されているわいせつ行為

他人への性的行為

入所してから同性愛に走る受刑者も少なくはないという。性的行為は懲罰の対象となっている。

アダルト写真を見せ合う

アダルト写真をひとりで見るのは問題ないが、他人と見せ合う行為は禁止されている。

故意に下半身を露出する

一般社会でも陰部を露出することは公然わいせつ罪となるが、刑務所内でもわいせつ行為として懲罰の対象となる。

宗教教誨（きょうかい）

刑務所に僧侶や神職、牧師が訪問し、道徳や倫理にまつわる講話を行う。服役中に信仰に目覚める受刑者が多いという。

年に1回、検診車が来て
健康診断を受けている

該当する人々	初犯者	累犯者	外国人受刑者	刑務官	その他

該当する施設	雑居房	独居房	工場	その他

健康診断は行われているが充実した内容とはいえない

受刑者の社会復帰を円滑にするためには、心身の健康を保持させる必要がある。それには受刑者の健康を管理することが必須であり、法執行官行動準則（国連総会で採択された各国の警察官や刑務官の基本原則）においても、「必要とする場合にはいつでも医療を確保するための措置を速やかに執る」と書かれている。

そのため、受刑者は週1〜2回の一般診療も受けられるほか、毎年1回、定期健康診断が行われている。インフルエンザや伝染病が危惧されたときなどにも、随時、健康診断が行われる。受刑者は健康診断を拒否できず、受けないと違反行為として処罰される。

独居拘禁される受刑者も健康診断が義務付けられている。20歳未満の受刑者なら30日ごと、それ以外は3カ月ごとの健康診断がある。1年以上の雑居拘禁の場合は、6カ月ごとの健康診断が行われる。

こうして見ると健康管理は充実しているように感じられるが、刑務所の健康診断の不備を指摘する声もある。そもそも刑務所で行われる健康診断は、身長、体重、視力、血圧の測定であり、これに加えて医師が必要と認めた場合に検尿、検便、レントゲン検査が行われるぐらいのもので、血液検査や自費検査も行われていない。

診察を申し込んでも医師ではなく、医務部の職員が舎房を訪れて問診するだけ。その診察を3回以上受けると、医療観察の対象となる。そうなると受刑者は独居房に隔離されるので、それを嫌って受診せず、病状が悪化してしまうケースもある。

また、こうした医療費はすべて無料であり、税金でまかなわれている。一般社会からみて、罪人の医療費を国民が負担していることに疑問視する意見も少なくない。

健康管理

定期健康診断や検診を受けることができる

刑務所では受刑者の健康管理も行っており、定期的に健康診断があるほか、具合が悪い場合は医務官に見てもらえる。

年に1回の定期健康診断

身長、体重、視力、血圧の測定をし、場合により検尿、検便、レントゲン検査を行う。検診車が来診し、検査を受ける。

週1〜2回で検診が可能

看護師免許をもつ刑務官が週1〜2回来所。体調を崩したり、作業でケガをした場合、検診を受けることができる。

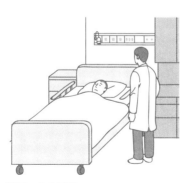

獄医による診療

症状が重い場合は、申請から数日後に医師免許を持つ獄医による診療を受けることができる。

刑務所FILE

医務官による検診は薬をもらうだけ

医務官は医師免許を持っていないため、検診では基本、薬のみの対応となる。薬はタダでもらえ、痛み止めや風邪薬、睡眠薬、便秘薬、下痢止めの薬などがある。

末期ガンの受刑者は、釈放されるケースがある

刑務作業中の事故で死亡した場合は手当金が出る

健康的とはいえない社会生活を送ってきた受刑者は多い。しかも、高齢の受刑者は年々増加している。そのため、受刑者の3分の1以上は何らかの病気にかかっているのが実情だ。

では、刑務所はどういった医療体制で受刑者の病気に対応しているのだろうか？　刑務所には医師が課長を務める医務課が置かれていて、それなりに医療設備は整っている。とはいえ、さすがに高度な医療には対応できない。

そのため、刑務所では対応できない病気にかかった受刑者は医療刑務所、または医療センターのある刑務所や外部の病院に入院することになる。

医療刑務所は身体や精神に疾病・障害がある受刑者を収容する施設で、その治療を目的としている。内科、外科、精神科、泌尿器科、眼科などさまざまな科がある。総合病院にあたるのが東京の八王子医療刑務所と大阪医療刑務所で、精神病院施設は愛知県の岡崎医療刑務所と福岡県の北九州医療刑務所である。医療センターのある刑務所は札幌、仙台、東京、名古屋、大阪、広島、高松、福岡に、それぞれ1カ所以上設置されている。それらには専門医と医療設備が整えられ、その管区内の刑務所の患者を受け入れている。

だが、こうした治療の甲斐なく死亡してしまう受刑者もいる。八王子と大阪の医療刑務所だけでも毎年400人以上の受刑者が死亡しているのだ。

死亡の原因が作業中の災害だった場合は、労働災害補償として死亡手当金が支払われる。手当金は最高額、平均額、最低額が決められ、過失の有無によって支給額が決定する。上から順に459万、300万、150万となっている。

なお、末期ガンなどで重症指定を受けた受刑者の場合、「最期は家族と過ごしたい」と望めば、刑が執行停止されて釈放されるケースもある。

受刑者に優しい医療刑務所の刑務官

医療

治療が必要な受刑者は医療刑務所へ移送される。相手が病人ということもあり、刑務官は優しく接してくれるという。

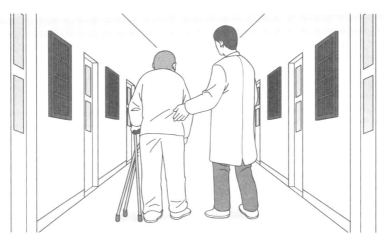

医療刑務所
すべての刑務所には医務課があるが、重い病気で専門的な治療が必要な場合は医療刑務所に移送される。精神的な病を持つ人や神経質な受刑者が多く、自殺を防ぐため受刑者に優しく接してくれる刑務官が多いという。

死亡・障害手当金
刑務所内で死亡した場合は死亡手当金を、負傷した場合は障害手当金が給付される。手当金は過失の有無よって金額が変わり、どちらの手当金もわずかばかりのものだという。

共同墓地へ埋葬
死亡後、遺体の引き取り手がいない場合は、刑務所で火葬だけ行う。その後1年間家族と連絡がつかない場合は、刑務所の共同墓地へ埋葬される。

運動の時間は強制ではなく、新聞を読んでいてもOK

該当する人々 ▷	初犯者	累犯者	外国人受刑者	刑務官	その他

該当する施設 ▷	独居房	雑居房	工場	その他

ハメを外しすぎてケンカや乱闘が起きることも

健康を保つためには、健康診断やバランスのとれた食事だけでなく、適度な運動も必要である。行動を大きく制限される受刑者にも、健康のため運動時間が用意されている。

多くの刑務所では、午前または午後の刑務作業時間の中で30分間、屋外での運動時間が設定されている。野球、バレーボールといった球技のほか、散歩や、走ることが認められている。

運動時間といっても、必ず運動しなければいけないわけではない（ただし少年刑務所の場合、運動は強制される）。そのため体を動かさず、囲碁や将棋を楽しむ者や、閲覧用の新聞を読んで過ごす者もいる。

この時間には仲間との雑談も許されるので、運動は入浴や食事と同じく受刑者にとって大きな楽しみとなっていて、貴重なストレス発散の機会にも

なっている。

とはいえ、運動時間には受刑者がハメを外しやすくなるのも事実である。ケンカ、乱闘などのトラブルが発生しやすくなるほか、受刑者同士で雑談ができるため、刑務官に知られないよう暴力団組員同士で集まることもある。屋外で活動するため、この時間帯を狙って、差し入れを禁じられた物品が塀の外から投げ入れられることもあるという。

狭い独居房（昼夜間独居）で日中過ごす隔離受刑者も、健康のために運動するように指示されるが、その運動のためのスペースはひとり用の狭いもので、できるのは縄跳びや腕立て伏せ、ラジオ体操などである。雑居房のように仲間たちと楽しくスポーツをすることはできないので、運動時間が与えられても、狭いスペースの中をぶらぶら歩き回るだけで、特に運動らしい運動はせずに時間をつぶす受刑者も少なくない。

運動

運動時間はストレス発散の絶好のチャンス！

運動時間は受刑者にとってストレス発散の絶好の機会。しかも運動は強制ではなく、比較的自由に過ごすことができる。

晴れの日は屋外で運動

午前もしくは午後の刑務作業中に、30分間運動時間が設けられている。受刑者は自由に運動を楽しむことができ、中でも人気はソフトボール。大声での雑談も許され、受刑者のストレスを発散する時間となっている。

隔離受刑者は個室で運動する

他の受刑者との接触が禁止されている隔離受刑者は、個室の運動場で縄跳びや筋トレなどを行う。

運動しなくてもOK

運動は強制ではなく、受刑者同士で話したり、将棋や囲碁をして遊んだり、閲覧用の新聞を読むこともできる。

一般社会では使われない
刑務所ならではの隠語

近年では隠語を使う受刑者は減少中!?

　刑務所には数々の隠語が存在する。たとえば、「草鞋」「親父」「シャバ」「赤落ち」「豚」などである。草鞋はとんかつやハンバーグのこと。親父とは刑務官のことで、中村刑務官なら「中村の親父」となる。また、シャバは刑務所の外のこと。「シャバの空気はやっぱりうまいな〜」などと、ドラマのセリフで使われることもあるので、ご存じの方もいるだろう。赤落ちとは実刑が確定して、拘置所から刑務所へ移っていくことで、戦前の囚人服が赤色であったことが由来である。豚は雑居房において、豚のような鳴き声でいびきをかく受刑者のことを指す。これらは刑務所ならではの文化だが、近年では隠語を使う受刑者たちは減っており、失われつつある文化だという。

3章

受刑者の楽しみ
と癒やしの作法

毎日ストレスばかり溜まる生活をしている受刑者たち。
自由が少なく窮屈で退屈な刑務所内で、彼らは何に楽し
みを見つけ、癒やしを得ているのだろうか。刑務所内の
娯楽や楽しいイベント、手紙や差し入れについてなど、
受刑者たちのささやかな楽しみを探る。

受刑者の楽しみと癒やしの作法 その1

休日は暇すぎて
暴力沙汰が発生しやすくなる

| 該当する人々 ▷ | 初犯者 | 累犯者 | 外国人受刑者 | 刑務官 | その他 |

| 該当する施設 ▷ | 独居房 | 雑居房 | 工場 | その他 |

🔗 休みを嫌う理由は退屈とストレス

刑務所では刑務作業のない休日を「免業日」と呼び、一般的な会社と同様に休むことができる。土曜日、日曜日、祝日のほか、年末年始とお盆はそれぞれ3日間ずつ休日となる。

それ以外に、月2日の「矯正指導日（教育的処遇日）」も休日だ。この矯正指導日は決められた番組を視聴したり、本を読んで感想文を書いたり、毎月の目標と達成度などをノートに記載して提出する。刑務作業はないので事実上の休みなのだ。

休日には慰問をはじめ、映画鑑賞や講話などのイベントが行われることもあるが、通常の休日は一日中舎房の中で過ごすことになる。3食の食事時間以外は、刑務作業がないので自由時間となるが、もちろんどこかへ行くことは許されない。

本や雑誌を読んだり、ラジオを聴いたりして過ごす者も多いが、手紙を書いたり勉学に励んだりする受刑者もいる。ほかにもテレビ視聴や、雑居房では囲碁、将棋、雑談などが行われるという。昼寝の時間である「午睡」や夕方に仮眠をとる「仮就寝」などの寝ることを選ぶ受刑者も多い。

かように休日の過ごし方はそれぞれだが、それでリフレッシュできるかというと必ずしもそうではない。「休むより刑務作業をしているほうがいい」という受刑者が多くいるのだ。

彼らの言い分はこうだ。休日はやるべきこと、できることがなくて退屈すぎるため、時間を持て余してしまう。特に雑居房では、同房の者と四六時中、顔を突き合わせることになり、逆にストレスが増してしまうという。ゴールデンウィークなどの長期連休はお互いの我慢が限界に達し、刑務官による検身もないためそのはけ口として暴力沙汰を含むいさかいが発生しやすくなるのも、むべなるかなである。

100

休日

テレビ視聴や読書で過ごす刑務所の休日

休日に刑務作業はなく、一日中部屋でテレビを観たり囲碁などをして、時間をつぶす。受刑者にとっては退屈な時間だ。

余暇・娯楽

楽しみと癒やし

休日の過ごし方

休日に特にイベントがない場合、一日中部屋の中で過ごすことが多い。囲碁や将棋、オセロが部屋に備えてあり、おしゃべりをしながら対戦したり、読書をしたりテレビを観たりが常。テレビを観るときは、パジャマ姿で布団のうえで横になりながら見てもよい。

クラブ活動

模範囚はクラブ活動に参加できる。歌唱クラブや絵画クラブ、書道クラブ、俳句クラブなどがあるが、いずれも定員制。人数が多いと順番待ちになる。基本的に夕食後に行われる。

受刑者同士のケンカが多発

休日は退屈な時間となるため、ストレスが溜まりやすい。刑務官による点検もないため、年末年始などの長期連休は特にケンカやリンチが発生するという。

刑務所では囲碁と将棋が めちゃくちゃ人気！

該当する人々	初犯者	累犯者	外国人受刑者	刑務者	その他

該当する施設	独居房	雑居房	工場	その他

指定されたチャンネルや 検閲後の映像を視聴

パソコンはおろか、スマホもタブレットもない刑務所では、テレビが第一級の娯楽である。隔離受刑者を収容する独居房にはテレビはない部屋もあるが、雑居房、夜間独居房、工場の食堂には設置されている。

刑務所によって異なるが、平日であれば午後7〜9時までの2時間ほどテレビを見ることが許される。休日は午前8〜10時までと、午後6〜9時までの計5時間ほどテレビ視聴の時間がある。ただし、どんな番組でも見られるわけではなく、放映されるのは指定されたチャンネルや検閲後に視聴が許可された番組の録画のみである。ちなみに、雑居房ではチャンネル争いでケンカにならないよう、「チャンネル権」を持つ受刑者が決まっているという。

人気なのは野球中継、大相撲などのスポーツ番組、歌番組など。ノンフィクションものもよく見られる。

ニュースなどの報道番組はラジオで流されることが多いが、その内容も検閲後に放送される。暴力団の抗争や脱獄に関するニュースなどが流れると、受刑者を不要に刺激することにもなりかねないからである。

テレビ・ラジオと並んで受刑者にとって娯楽の王道といえるのが読書だ。本は差し入れてもらえるが、検閲によって入手できないことも多い。さらに、作業報奨金が月に約4500円程度の受刑者たちにとっては、本はかなりの贅沢品といってよいだろう。そのため、刑務所内にある図書室で「官本」と呼ばれる刑務所が所有する本を借りることもできる。レンタル期間はおよそ1カ月で、料金は無料だが、ほとんどが中古品で新品は望めないという。

新聞は一般紙のほか、スポーツ新聞を購読でき、週刊誌や月刊誌なども受刑者が購読を希望し、お金を支払えば読むことができる。

娯楽

受刑者たちが暇な時間に楽しんでいること

ストレスばかりが溜まるムショ暮らしで、受刑者たちは何を楽しみに生活しているのか紹介していく。

テレビ
大河ドラマの再放送や、録画した映画や歌番組などを観ることができる。

読書
お金を持っている受刑者は通常の新聞やスポーツ誌、週刊誌を定期購読できる。

ラジオ
曜日によって視聴できる放送局が決まり、NHKや民放などさまざま。大相撲の中継も流れる。

面会
差し入れをもらったり、家族や親しい人と話せる面会は、一番の癒やしの時間である。

囲碁・将棋
囲碁と将棋は1セットずつ部屋に常備され、休憩時間や夕食後の自由時間に楽しめる。

刑務所FILE

囲碁将棋大会で大盛り上がり

刑務所によっては年中行事で「囲碁将棋大会」が開催される。各工場から棋士が選ばれ、トーナメント制で熱い戦いが繰り広げられるのだ。試合が終わった工場の受刑者も観戦を楽しめるとあって、刑務所で人気のあるイベントである。

お菓子片手の映画鑑賞は、模範囚だけの特権

該当する人々	初犯者	累犯者	外国人受刑者	刑務官	その他

該当する施設	雑居房	工場	その他

刑務所アイドルや大物芸人もやってくる

刑務所内で行われるイベントの中でも、受刑者が最も楽しみにしているのが慰問である。1カ月に1度の割合で行われる、漫才師や落語家、歌手などによるショーやコンサートのことだ。歌手で俳優の杉良太郎が15歳のときから60年以上も慰問を続けているのは有名な話。ちなみに、刑務所に慰問で訪れるのはすべてボランティアである。

休日には「集会」と呼ばれる映画鑑賞会が月に1〜2回開催される。この集会に参加できるのは模範囚だけで、鑑賞する映画は、受刑者を刺激しないように過激な内容は避けられ、ヒューマンストーリーや、アクション娯楽作品などが多い。教育担当の刑務官が事前に内容を確認し、自費でレンタルして上映しているそうだ。

ちなみに映画鑑賞会が人気な理由は、映画を観ながら菓子を食べられる

ことにもある。お金を持っている受刑者はお菓子を購入し、この時間に食べてよい。菓子を食べる数少ない機会として、多くの受刑者が楽しみにしているのだ。

また、毎年10月に行われる「工場対抗大運動会」も人気である。ほかのイベントと異なり、運動会だけは受刑者も主体的に関わることができる。役員選びやプログラムづくり、出場選手の選考など、刑務官と一緒に運動会をつくり上げていく。

工場対抗のため担当刑務官と受刑者が一丸となって優勝を目標に頑張るのだが、当日も刑務官は任務のため、担当の工場の者が勝っていても一緒に盛り上がるわけにいかず、黙々と監視を続けているそうだ。

運動会の昼食には、白米の弁当が提供される。刑務所で白米を口にできるのは運動会以外では正月三が日のみ。また、おやつが支給される刑務所もあり、正月と同じくらい盛り上がる。

慰問

受刑者たちが楽しみにしている慰問イベント

普段娯楽の少ない刑務所には、芸人や歌手が慰問にやってくる。受刑者たちはそこでしばしの憩いの時間を過ごすのだ。

漫才

芸人による漫才では刑務所ならではのNGがある。「脱走」などの言葉は言ってはいけないのだ。重罪の受刑者には、必ず刑務官が付き添う。

落語

最も階級の高い落語家・真打(しんうち)が来所することもある。古典から新作まで披露されるネタはさまざま。受刑者が爆笑することもよくあるという。

コンサート

歌手によるショーや、地元の有志による合唱やダンスなどが催される。特に女性歌手ユニットの「Paix 2(ペペ)」は、刑務所アイドルとして有名である。

刑務所FILE

受刑者にウケがいいネタ

普段は恐ろしい刑務官を芸人が漫才でイジると受刑者は大爆笑するという。また、「願箋(がんせん)」など刑務所ならではの言葉を使ったネタもウケがいい。

余暇・娯楽

楽しみと癒やし

集会

お菓子が食べられる絶好のチャンス

「集会」とは映画鑑賞会のことを指す。模範囚のみ参加できるイベントで、お菓子が食べられるため人気が高い。

映画鑑賞会
月に1〜2回、休日に映画鑑賞会が開催され、模範囚のみ参加できる。映画の内容は過激な描写が少ないヒューマンストーリーやアクション映画が多い。ただし、上映時間は1時間程度。長い映画は2度に分けるときもある。

目当ては映画ではなくお菓子

映画鑑賞会ではお菓子を食べることができる。刑務所では普段お菓子を食べることができないため、それを目当てに参加している受刑者が多いという。

刑務所FILE

お菓子の費用は自己負担

お菓子は支給されるわけではなく、自己負担となる。およそ300〜500円ほどで、刑務所が指定する3点のお菓子を購入することができる。

その他イベント

運動会は刑務所で一番盛り上がるイベント

刑務所内では、工場対抗の運動会が開催される。受刑者たちはこの日のために準備をし、熱い戦いが繰り広げられる。

工場対抗大運動会

年間行事で最も盛り上がるイベント。種目は100m走や障害物競走、リレーなど。工場対抗のため、担当刑務官も率先して受刑者たちと計画を練り、優勝を目標に頑張る。

花見（観桜会）

刑務所にある桜の木の前にブルーシートを敷き、お菓子を食べたり、カラオケセットを使って歌う。お菓子は草餅や桜餅が配られ、ドリンクはコーヒーを飲むことができる。

誕生日会

月に一度、その月に誕生日を迎える受刑者を集めて誕生日会が行われる。昼休みに行われ、集会室でドーナツなどのお菓子を食べたり、テレビを観たりする。

刑務所FILE

文化祭限定のプリズン弁当

東京の府中刑務所には「文化祭」と称した一般人向けのイベントがある。この日に限り刑務所が一般公開され、受刑者がつくった弁当やパン、革製品などを買うことができる。

外国語や暗号は禁止！
面会における厳格なルール

親しい相手との交流が心の慰めになる

塀の中に入っていても、外の人と面会することは許されている。とはいえ、原則として面会できるのは親、兄弟、配偶者などの親族と、弁護士や事業の関係者、受刑者の更生保護に関わる人のみ。これらに当てはまらなくても、受刑者との関係性が明確で、受刑者本人が当日会うことを承諾すれば面会できる。

面会は平日午前8時30分〜午後4時まで、1回につき30分程度で、一度に会えるのは3人までとなっている。また、面会は1日に1組までである。ちなみに刑務所によっては面会人の登録を課すところもある。

連日、面会に来ることも許可されているが、回数は「収容区分」によって差がある。受刑態度が最もよい1類は月7回で、2類は月5回、標準的な3類は3回、4類と5類は月2回までと

減っていく仕組みになっている。

面会室にはドラマでおなじみの小さい穴の開いた二重の分厚いアクリル板の仕切りがあり、基本的には刑務官立ち合いの下、会話の内容はメモされ記録される。ビデオ録画や録音を行う場合や、親族なら刑務官の立ち会いがない場合もある。

面会に訪れる者は、まずは受付をし、待合室で待つことになる。順番が回ってきたら、検査室で手荷物チェックが行われる。その際、スマホやカメラ、録音・録画機器、タバコなどの持ち込みはできない。それらは職員に預けたり、ロッカーに収納したりすることになっている。

面会中は外国語で話すこと、暗号や符号を使うこと、暴力団の動向などを話題にすること、仕切りのアクリル板を叩くことなどが禁止されている。これらの行為があった場合は、一時的に中断されたり、面会を打ち切られたりする場合がある。

面会

面会希望者が受刑者と面会に至るまでの流れ

ドラマなどでよく見る受刑者との面会のシーン。面会に至るまでの流れを紹介する。

①面会の申し込み

面会人は受付で面会申込票をもらい、氏名、住所などの必要事項を記入する。一度の面会人は3人まで同席が可能。事前に「面会人の登録」が必要な刑務所もある。

②待合室で待機

面会申込票を提出すると、受付番号と面会のフロアが書かれた面会整理票が渡される。待合室で座り、自分の番号が呼ばれるまで待つ。

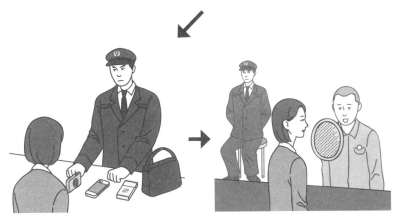

③手荷物検査

待合室で自分の番号が呼ばれたら、検査室で手荷物検査が行われる。面会部屋には基本貴重品以外、スマホやカメラ、タバコなどは持ち込むことができない。

④面会

面会人が面会部屋に入室したあと、受刑者が入室する。会話内容はすべて記録され、刑務官がひとりつく。面会中は、外国語や暗号を使って話してはいけない。

受刑者への差し入れは、宅急便や郵便でも可能

該当する人々 ▷	初犯者	累犯者	外国人受刑者	刑務官	その他

該当する施設 ▷	独居房	雑居房	工場	その他

指定品しか許されず好きなものを選べない

受刑者が生活するうえで使う物には、施設から支給された「官物」と、それ以外——購入したものや差し入れされた「私物」がある。厳しい生活を送る受刑者にとって、家族や友人・知人などからの差し入れは精神的な支えにもなるものだ。ただし、何でも自由に渡すことは許されない。差し入れ可能な物品であっても、原則として刑務所が指定する売店で買った商品のみ許可されることが多いのだ。

差し入れできる物品として、衣類や文具、書籍・雑誌（ひとりにつき月3〜10冊まで）などが許されるが、書籍・雑誌以外は刑務所指定の売店で買う必要があるため、結局、現金を差し入れるのが受刑者には喜ばれるようだ。現金は3万円まで許されている。

また、宅配便や郵便で差し入れを送ることも可能だが、切手、書籍、現金、写真（1回につき10枚まで）など一部のものに限られている。

差し入れが認められない物品は、私服（ただし、出所時に着るものは可）、タバコ、食品、布団（官物のみ使用）、ゲーム機器やパソコンなどの電子機器など。中身が確認できないお守りも渡すことができない。

また、差し入れ可能な書籍・雑誌の中にも、内容によっては許可されない場合がある。刑務所内部の様子を紹介したもの、犯罪の手口や反社会的勢力・組織の情報が載っているものなどはすべてNGだ。アダルト本に関しては、過激な内容はNGだが、コンビニで売られているようなものであればOKといわれている。

差し入れる人によっては物品が制限されることもある。名前が明確でない人や、受刑者との関係が不明な人からの物品、差し入れ人との関係から受刑者の矯正の妨げになると考えられる場合は許可されない。

差し入れ

気軽にプレゼントできない差し入れのルール

受刑者への差し入れは限られていて、プレゼント感覚で衣服やお菓子を贈っても刑務官に捨てられてしまう。

余暇・娯楽

楽しみと癒やし

差し入れ可能なもの

本・現金・子どもの絵

書籍や雑誌は、暴力団の組織や、犯罪の手口、刑務所内の内部についての内容でなければ基本差し入れ可能。アダルト本も許されている。現金は1回につき3万円までなら差し入れができる。子どもが書いた似顔絵などもOK。

刑務所指定のもの

シャツや下着などの衣類や、石鹸や歯ブラシなどの日用品は、刑務所指定のものしか使用できない。これらを差し入れする場合、刑務所指定の売店で購入し、受刑者に送り届ける必要がある。

差し入れ不可のもの

刑務所指定の売店以外で購入したもの

刑務所指定の売店以外で購入した衣類や日用品、お菓子などの食料品、タバコ、スマホやパソコンなどの電子機器は差し入れできない。プレゼント感覚で贈っても刑務官に問答無用で捨てられる。

手紙は7枚までで、
ペンの色は黒か青と決まっている

該当する人々	初犯者	累犯者	外国人受刑者	刑務官	その他

該当する施設	独居房	雑居房	工場	その他

手紙が出したくなっても
当日発送は却下される

文通は原則的にどんな相手でも制限なく認められる。とはいえ、犯罪性のある者、元受刑者、反社会的集団に属する者、共犯関係にあった者などとは、やりとりを許されない場合が多い。

2006年に法律が改正される前は、申請した親族・友人しか文通相手として認められず、内縁関係でも許されていなかった。そのため、文通や面会をしたいがために、内縁の妻と養子縁組をして親族とするケースもあったという。その当時から考えれば、手紙は面会よりも数段、自由なやりとりが可能になった。

刑務所に送る手紙は速達でも電報でもOKで、ハガキ、封書、書留のいずれも受刑者に届く。写真の同封、契約書・証明書などを送ることも認められている。文章の長さ（便箋の枚数）や書式の規定、回数の制限もまったくない。

これに対して、受刑者が書く手紙には規定や制限が存在する。入所直後の収容区分5級では、月に4通までしか手紙を出せない（3級だと月5通まで出せる）。出せるのは1回に2通まで。週に1回、所属の工場によって定められた曜日にのみ可能だ。しかも、前の週に手紙を出すことを予約しておく必要があり、急に出すことは許可されない。内容は検閲されるため、封をしない状態で工場の担当刑務官に提出する必要がある。規定はまだある。1通につき便箋は7枚以内で、便箋の枠外の記入は不可、筆記用具は黒か青のボールペンのみ、絵やイラストは不可、日本語以外は使用禁止である。

手紙の内容は、犯罪に関連するもの、金品の強要や脅迫、刑務所内の情報（刑務官の名前、行事や作業の内容など）といったものは不可。また、外部からの手紙にも当てはまるが、隠語や暗号など、身内にしか通じないような意味不明なものも許可されることはない。

手紙

手紙を出すまでが一苦労!?　文通のルール

手紙のやり取りは受刑者にとって憩いの時間。しかし、手紙を出すにも数ある規則を守らなければならない。

余暇・娯楽

楽しみと癒やし

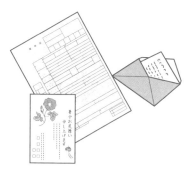

受刑者への手紙は基本なんでもOK

受刑者へ手紙を送る場合、ハガキや便箋など形式には制限がなく、手紙の枚数も書き方も制限がない。離婚届のほか、契約書が届くことが多い。

手紙は刑務官に提出

受刑者が外に手紙を出す場合、工場の担当刑務官に提出し検閲を受ける。週に1回のみ提出可能で、入所したての場合は月に4通、半年経過すると月に5通出せる。

イラストは描いてはいけない。

黒か青のボールペン。

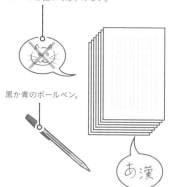

便箋や筆記用具の決まり

手紙の枚数は7枚まで、筆記用具は黒か青のボールペンと指定されている。イラストは描いてはならず、外国語も書いてはいけない。

刑務所FILE

香り付きの手紙は没収される!?

受刑者への手紙は基本なんでもOKとされているが、中には受刑者を喜ばせようと、香り付きの手紙が送られてくることがある。こうした手紙は、「一見後、領置」となり、一度読んだあと没収されてしまい、出所後に返却される。

お正月のごちそうが食べたくて
刑務所に入る者もいる!?

該当する
人々 ▷ | 初犯者 | 累犯者 | 外国人
受刑者 | 刑務官 | その他

該当する
施設 ▷ | 独居房 | 雑居房 | 工場 | その他

年越しそばはカップ麺
おせちは幕の内弁当

1年のうちで、最も食事が豪勢なのが
お正月である。年が明けて元旦になる
とおせち料理が出される。「正月折り詰
め」というトレーに、海老の塩焼き、か
まぼこ、なます、黒豆、きんとんなどの和
食から、とんかつ、グラタンなどの洋食
まで、一口サイズで入っているのだ。

お正月料理といえばモチも欠かせ
ないが、こちらも支給される。元旦〜
3日まで昼食に1回ずつ出る刑務所も
あるが、施設によって異なる。

ちなみに大晦日には年越しそばとし
て、ふだん刑務所内では食べられない
カップ麺が支給される。たかがカップ
麺と思うかもしれないが、薄味に慣れ
た受刑者にとって、その味わいは格別
だという。

カップ麺はともかく「受刑者にお
せち料理やモチなどを出すのは贅沢
だ!」という批判もあるが、「更生す

れば、こんなおいしい食事が食べられ
る」という矯正施設側から受刑者に対
して早期矯正を促進するメッセージに
なっている。しかし、お正月のごちそ
うを目当てに刑務所に入りたがる累犯
者がいるのも事実。年末になると犯罪
が増加傾向にあるのだ。

正月料理以外にも、刑務所では季節
に合わせた料理が出る。2月の節分に
甘納豆、3月のひな祭りにひなあられ、
5月のこどもの日にかしわ餅、ほかにも
土用の丑の日はうなぎ、クリスマスに
はケーキが出てくる。ふだんの食事で
は出ない特別なメニューなので、受刑
者はほぼもれなく楽しみにしている。

ちなみに祝日には特食といって、
チョコレートやクッキー、かりんとう
などが無料で全員に配布される。甘い
おやつは「アマシャリ」と呼ばれ、汁
粉・ぜんざい・甘煮豆などが特に人気
だ。休日のパンの日に支給される。お
やつは受刑者たちにとって至福の癒や
しの時間である。

正月料理

たらふくご飯とお菓子を食べられる

正月は受刑者たちにとってお楽しみの時間。料理が豪華になり、お菓子も食べられるからだ。

おせち料理

とんかつやチキンソテー、からあげ、エビフライなどの揚げ物や、昆布巻き、だて巻き、数の子、なます、黒豆などの一般的なおせち料理のごちそうが詰め込まれている。刑務所によってはうなぎのかば焼きや牛肉のステーキも出るという。

モチ

1月1〜3日の昼食にはモチが出てくる。雑煮やぜんざい、のりモチなどがある。刑務所によっては3日間出してくれるところもある。

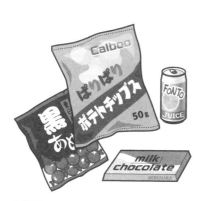

お菓子

大晦日には特食としてお菓子が配られる。正月の3日分のお菓子となっていて、3日までに好きなペースで食べることができる。

刑務所FILE

正月で一気に体重増加！

正月の3日間は、おせち料理などのごちそうのほか、お菓子も支給されるため2〜3キロ太る者も少なくないという。

季節料理

季節の行事に合わせて食事のメニューは変わる

同じようなメニューばかりではなく、季節に合わせた食事もでてくる。ささやかだが季節の味わいを楽しめる。

バレンタイン
2月14日のバレンタインデーには、昼食か夕食にチョコのお菓子やチョコパンなどが出る。

ひな祭り
3月3日の昼食か夕食には、ひなあられの小袋が配られる。

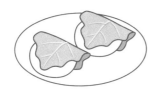

こどもの日
5月5日のこどもの日の昼食か夕食に、1個だけかしわ餅が出る。

お彼岸
9月の秋のお彼岸の時期には、昼食か夕食におはぎが出てくる。

クリスマス
夕食にクリスマスケーキが出てくる。スポンジとクリームのみのシンプルなケーキ。

大晦日
大晦日に年越しそばとしてインスタントのそばが配られる。お湯の配給は夕食後。

刑務所に入るとみんな甘党になる!?

刑務所ではふだん甘いものを食べることができないため、お菓子が大人気。受刑者たちが食べているおやつを紹介する。

アマシャリ

刑務所内では、甘い食べ物のことを総じて「アマシャリ」と呼ぶ。刑務所内ではふだん食べることができないので、甘いものが苦手だった人でもおいしく感じるという。塩味のせんべいやポテトチップスもアマシャリに含まれる。

アイスクリーム

夏場にはアイスクリームが支給される。カップアイスや細長いプラスチック容器に入った氷菓などさまざま。

ぜんざい

休日の昼食に出てくるパンの日の出てくるぜんざいは受刑者に大人気のアマシャリのひとつ。パンをちぎり、ぜんざいに浸して食べる。

ジュース

コーラ缶やコーヒー缶、炭酸飲料、ジュース類は基本自分で購入すれば飲める。集会などのときに飲むことができる。

刑務所内の買い物は
マークシート形式

「ゼロセン」はツライよ…
買い物で生活をよりよく

刑務所内は1円も使わずに過ごせるが、お金を出して買えるものもある。支払いは、刑務作業の給与（作業報奨金）か、施設に預けてある手持ちの金（領置金）で行う。現金を持ち歩けないので、事後に天引きされる仕組みだ。

作業報奨金の位置付けは、「出所後に社会復帰するための資金」。そのため、刑務所内で作業報奨金を使いすぎると、仮釈放の査定に影響が出る。作業報奨金の額は月におよそ4500円ほどなので、使い過ぎていると心証を悪くする恐れがあるのだ。

受刑者の中には、領置金がまったくないという者も少なくない。そういう受刑者は「ゼロセン」と呼ばれ、手持ちのお金がないのでショッピングすることもできず、刑務所から無料で支給される「官物」だけで生活することになる。

支給される官物は、下着や靴下、パジャマ、サンダル、運動靴、上着・ズボンなどの衣類に、歯ブラシ、ちり紙、石鹸、タオル、鉛筆、ボールペンなどの日用品。しかし、支給される量は決められていて、たとえば、歯ブラシは2カ月に1本、石鹸は1カ月に2個まで、ちり紙は1日2枚換算となる。このように、官物は必要最低限の量なので、かなり節約しなければならない。

領置金を持っている受刑者は刑務所指定のものを私物で購入することができるが、手持ちのお金で買い物する場合にも、数々の制限がある。買い物の回数は月1～2回と決まっていて、毎月、指定された日に注文するしかない。買える商品は、日用品と書籍のみが許されている。

当然のことながら購入するときにもルールがあり、商品名・商品番号・価格が載った規定のマークシートに欲しい商品を記入して提出するという方法になっている。

ショッピング①

刑務所内での買い物は慎重に

刑務所での買い物は専用のマークシートですべて注文する。
書き間違える受刑者が多いが、書き直しは認められない。

日用品	番号	個数
鉛筆	(111)	① ② ③
ボールペン	112	① ② ③
シャツ	113	① ② ③
パンツ	(114)	① ② ③
手袋	115	① ② ③

マークシートに記入する

刑務所内で買い物をするときは、専用のマークシートに各自の呼称番号、姓名、舎房を記入し、注文したい商品番号にマークを入れる。必ず黒ボールペンで記入し、鉛筆を使用してはいけない。

書き損じは認められない

マークを記入する際、1列ずらして記入してしまったり、書き損じをしてしまう受刑者が多い。「注文したものと違う」と抗議する者もいるという。書き損じをした場合は、書き直しはできないため見送らなければならない。

買い物をしない受刑者たち

所持金をもっていない受刑者も多い。彼らは刑務所内で「ゼロセン」と呼ばれ、60代以上の高齢者に多いという。刑務所から支給される官物だけで過ごしている。

ほとんどの受刑者が私物で購入しているもの

官物として刑務所から支給されるが、粗末なものばかりでとても不便。そのため、多くの受刑者は私物で購入している。

衣類

パンツ
官物はトランクスの縞柄（白色も）。生地が薄いため、受刑者の多くは私物で一般的なトランクスやボクサーパンツ、ブリーフを購入する者が多いという。

メリヤス（上・下）
厚手の長袖と長ズボン。冬場に舎房衣や工場衣の下に着る。官物は生地が薄く着ても寒い。私物は7000円程で高価なためお金持ちしか購入できない。

靴下
黒色で夏用と冬用がある。官物は生地が薄いため、すぐに穴が開きやすく冬場は寒い。受刑者の多くは私物でよいものを購入している。

日用品

石鹸
官物は1カ月に1個支給されるが、手洗い、掃除、お風呂で使うため1カ月はもたず、多くの受刑者は私物を購入する。

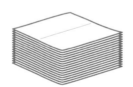

ちり紙
トイレの際や、鼻をかむときなどに使用するちり紙は受刑者の必需品。1カ月700枚までと決められている。

歯ブラシ・歯磨き粉
官物の歯ブラシは毛先がすぐに開いてしまい、歯磨き粉も量が少ないため私物を購入する者が多い。

タオル
官物は白色のみで、私物は無地のもので黒や赤、黄色など色を選べる。

ショッピング③

あると嬉しい受刑者たちの購入品

娯楽のために必要なものや、手紙を書く時に必要な文房具も購入する必要がある。

娯楽品

本

書籍や新聞、週刊誌、月刊誌、単行本を購入できる。本や雑誌は一度に3冊まで、週刊誌は月3冊までと制限がある。アダルトビデオ情報誌やマンガ雑誌の人気が高いという。

お菓子

所持金を持っている人はお菓子を購入し、集会などの飲食を許可された時間に食べる。甘いものを普段食べることができないため、人気が高い。

文房具

文房具は手紙を書く際に必要なものや、願箋などを記入するときに使用するものを購入する。鉛筆やボールペン（黒・青・赤）、消しゴム、便箋、定規、下敷きなどがある。

酒やタバコなどの禁制品は、非正規ルートで入手!?

創意工夫によって代用品をつくり出そうとする受刑者たち

タバコや酒といった嗜好品は、一般社会なら望めば入手でき、好きなだけ楽しむことができる。しかしながら刑務所では御法度の禁制品である。それが、塀の中に持ち込まれることがあるという。

ひとつの方法として、出所が決まった者とあらかじめ時間と場所を示し合わせておき、出所後に塀の外から投げ込ませるというものがある。また、出入りの業者や刑務官といった関係者を買収したり、脅して従属させたりして、不正に持ち込む方法もある。

かつて、ある受刑者が刑務官を懐柔してタバコを入手していたことがあった。そこで明るみに出たのは、タバコを渡していた刑務官がひとりではなく、なんと6人もいたという驚きの事実である。また、女子少年院の法務教官が収容されていた女性に対し、タバコを渡すことを条件にわいせつな行為に及ぶという卑劣な犯罪も報告されている。

ちなみに、手に入れたタバコは、喫煙するとニオイで見つかってしまうため、煙を飲み込んで見つからないように楽しむのだという。

タバコや酒に対する執着心から、何とかして代用品をつくり出そうと涙ぐましい努力をする受刑者もいる。タバコなら、刑務所内に植えてあるツバキ・バラ・サツキの葉を採取し、それを材料につくることができる。以前はバナナの皮も使われたが、現在はバナナは皮を剥かれた状態で配膳されるため、タバコを自作することはできなくなった。

酒の場合は刑務所によっては農作業があるため、さまざまな原料が入手でき、密造酒を造ることが可能だという。

それよりも簡単なのが、パンとリンゴジュースを原材料とした密造酒である。パンの発酵によって芳醇な香りを放つリンゴ酒ができあがるらしい。

タバコと酒

タバコや酒を外部から持ち込む方法

タバコや酒は所持禁止だが、外部からあらゆる手段を講じて入手できるといわれている。

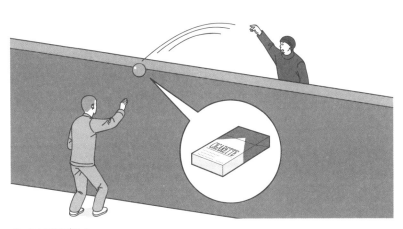

タバコの投げ入れ

タバコの入手経路としてポピュラーなのが投げ込みだ。塀の外からタバコを投げ入れたり、タバコが入ったボールなどを投げ入れて、受刑者が受け取るというシンプルな方法である。

出入り業者を買収

作業材料を搬入する出入り業者が、荷物にお酒やたばこなどを隠し入れて刑務所に持ち込む場合もあるという。

刑務官をおどす

受刑者が刑務官に「酒やタバコを持ってこなければ刑務作業の納期を破る」など、刑務官に圧力をかけ入手するという事件もあった。

刑務官も許可してしまう
驚きの仮病テクニック

血を流してまで仕事をサボりたいんかい！

　釈放までの間、受刑者は刑務作業に従事しなければならない。時給換算で数十円ではあるが昇給制度もあり、勤労意欲が掻き立てられる仕組みにはなっているものの、ときには刑務作業をしたくない日も……。そんなとき、受刑者が使うのが仮病である。最も多い仮病が腰痛を装うというもので、刑務作業をサボる口実としてはうってつけのようである。また、自ら歯茎を傷つけて口内を出血させ、その血を溜め込んで吐き出す強者もいる。ちなみに、出血すると作業を免除される成功率が高まるようで、鼻を思いきり強くほじって鼻血を出したり、箸で肛門を傷つけ下血させたりする者もいるという。そこまでするくらいなら、刑務作業をしたほうが楽な気もするが……。

4章

刑務官の作法

受刑者たちを常に監視している刑務官。彼らも受刑者さ
ながらに、あらゆる規則に従い仕事をしなければならな
い。本章では刑務官についてクローズアップし、仕事内
容や1日のスケジュール、刑務官になるまでの経緯など
を細かく解説していく。

刑務官の昼の食事休憩は約30分間

該当する人々	▷	初犯者	累犯者	外国人受刑者	**刑務官**	その他

該当する施設	▷	**独居房**	**雑居房**	**工場**	**その他**

常に受刑者に目を光らせ決して違反行為を犯させない

刑務官の勤務形態には昼間勤務（日勤）と昼夜間勤務（当直）があり、これを交代でくり返すのが基本である。ここでは主に昼間勤務をとり上げる。

1日のスケジュールは施設によって異なるが、通常は朝7時の始業となっている。10分前には勤務場所に整列し、最初に刑務官が必ず所持しなければならない携帯3品（刑務官手帳、携帯捕縄、呼子笛）をチェックする。それから上官による訓示と、注意事項の伝達を受ける。

午前中の仕事は開房点検（点呼）から始まる。受刑者がちゃんと起床しているか、さらに個々の健康状態もチェックしていくのだ。異常がなければ受刑者が朝食をとったのちに刑務作業を行う場所まで連れていく。作業中は作業の監督・指導だけでなく、受刑者が違反行為を行っていないか目を光らせるのも大切な仕事となる。

昼食を挟んだ午後の作業中には、合間に入浴や運動の付き添いを行う。また、その日に面会や散髪の予定が入っていれば、該当する受刑者の引率も行う。もちろん、ただ立って見ていればいいわけではない。時間管理や会話内容のチェックを行うのも仕事である。

1日の作業が終われば受刑者を房へ戻して閉房点検を行い、以後は書類整理など事務作業の時間となる。

日勤の刑務官は8時間拘束が基本で、合間に計2時間程度の休憩がある。ただ、1回の休憩は約30分間。その間に報告作業のほか、食事やトイレなどの私用も済ませなければならない。休憩時間は待機室にいるのが原則だが、ケンカや暴行があって非常ベルが鳴れば、現場に駆けつける義務がある。

なお、夜勤は24時間勤務（当直）となる。仮眠や休憩の時間はもちろんあるにはあるが、人手不足の施設の場合は十分にとれないこともある。

刑務官の1日

引率と監視が多い刑務官の1日

刑務官は受刑者たちを常に監視しなければいけない。一刻も気を抜けない厳しい現場だ。

開房点検
平日は朝の7時から、休日は7時半から受刑者の見回りをする。受刑者が起きているか、さらには健康状態などを確認する。

引率・監視
受刑者たちを午前中の刑務作業の現場まで引率する。作業中は受刑者たちの違反行為を防止するため監視する。

昼食
受刑者たちによる午前中の刑務作業が終わったあと、12時頃から昼休みとなり昼食をとる。

運動場の監視
受刑者たちは食後に運動をする。刑務官は受刑者たちを運動場まで引率し監視する。

風呂の監視
入浴日は受刑者たちを大浴場まで引率し、監視する。

刑務官の受刑者に対する接し方は、笑顔を見せないこと

該当する
人々 ▷ 初犯者 累犯者 外国人受刑者 **刑務官** その他

該当する
施設 ▷ 独居房 雑居房 工場 その他

拳銃の所持は可能でも 実際のトラブルには丸腰で

受刑者の社会復帰のサポートをするのが刑務官の職務。刑務作業の監督と指導、健康チェックやさまざまなアドバイス、面会や入浴時の引率や立ち会い、巡回などが主な仕事だ。

刑務官は全国に約2万人いる。多く思われるかもしれないが、約30万人の警察官と比べ、かなり少ない。常に手が足りない状態。結果、平日の昼の工場では2人の刑務官で100〜200人、夜の舎房ではひとりで100人以上の受刑者を受け持つことになる。

受刑者との接し方は最重要課題だ。とにかく、なめられてはダメ。常に厳格に振る舞い、受刑者との間に一線を引かなければならない。できるだけ無表情で、必要とあらばコワモテで接する。初等科研修では、よほどでもないかぎり笑顔を見せるなと教育される。若い刑務官は、なめられたらいけない

という気持ちが強すぎるのか、ことさら威圧的に振る舞ったり怒号も強くなりがちだという。いつ何があるかわからないので、刑務官は特殊警棒や手錠を携帯している。また、常時携帯はしないが拳銃の所持も認められている。ただし、実際のトラブルに際しては丸腰での対応が基本だ。

刑務官では手に負えないトラブルが起きたらどうするか。そんなときこそ警備隊の出番だ。彼らは武道経験の豊富さを買われ、一般の刑務官とは別枠で採用された制圧の専門家で、中には本職の格闘家と見紛うような猛者もいる。

受刑者の逃走や自殺、自傷、殺傷事件などを未然に防ぐため、刑務所には監視システムが張り巡らされ、刑務官の仕事を助けている。外塀、工場、舎房の廊下、独居房などに多数設置された監視用カメラ、外塀に取り付けられた防犯線に非常通報システムは心強い味方だ。ほかに警備用無線、指紋認証による出入り口の開閉システムがある。

刑務官の職務①

たくさんの部署がある刑務官の仕事

刑務官はただ受刑者を監視するだけではなく、さまざまな部署と連携しながら働いている。

受刑者には笑顔を見せてはいけない

刑務官は受刑者になめられてはいけない。受刑者に気を許してはならず、基本的に無表情でいるよう心掛けている。

処遇部門（企画部門）

受刑者の生活全般について指導や監督を行う。受刑者の釈放後の帰住先の調整や就職の支援も担当する。

処遇部門（処遇担当）

受刑者が逃走しないように、所内を巡回したり、工場で作業する受刑者を監視したりする。

医務課

受刑者の診療を行う。看護師の資格を持つ刑務官は医師とともに医療事務を担当する。

総務部

受刑者の金品の管理や、食料や衣類などの調達、施設設備の管理に関わる事務を担当している。

刑務官の職務②

受刑者を管理するための職務道具

刑務官が受刑者を取り押さえるために使う道具や、刑務所内の管理システムを紹介する。

手錠（第1種）
受刑者を護送するときや、受刑者が逃亡しようとしたり、他人に暴力を振るい傷つけた場合、設備を破壊したときに使用できる。

手錠（第2種）
手首を入れる部分が筒状になっているため、両手首が固定され、第1種よりも自由が利かなくなる。

拘束衣
受刑者が暴れて危険性があると判断されると、拘束衣を使用し手足の自由を奪う。通常3時間までの使用とされている。

監視カメラ
所内には受刑者を監視するため、工場、舎房、廊下、外塀などに100台以上の監視カメラが設置されている。

指紋認証
指紋認証のシステムを使い、受刑者や職員の入退室を管理する端末を導入している刑務所もある。

刑務所FILE

刑務官も射撃訓練を行う

刑務官は拳銃を持ち歩くことはできないが、刑務官として自覚を持たせるため、任命されたあとに射撃訓練を行う。

刑務官の職務③

受刑者と戦いながら仕事をする刑務官

刑務官が受刑者に殴られるのはよくあること。身体的にも精神的にも強くないとできない厳しい職務である。

受刑者に殴られる刑務官

刑務官は巡回中に受刑者にからまれたり、殴られたりすることもよくある。大ケガを負う場合もある。

受刑者を怒鳴る刑務官

若い新米刑務官は受刑者になめられやすいため、受刑者に罵声を浴びせたり、怒号が強くなる傾向がある。

プロレスラー顔負けの猛者もいる。

特別警備隊

暴動など刑務官の手に負えない場合は、制圧専門の警備隊が出動する。彼らは武道の有段者で受刑者たちは一瞬で鎮圧されてしまう。

基本はひとり

受刑者が多く集まる工場内でも、刑務官は基本ひとりで監視を行う。新人の刑務官の場合、最初は恐怖心を感じるという。

刑務官の採用には、
武道有段者の特別枠がある

武道の全国大会経験者は
武道拝命を狙う手もあり

刑務官は国家公務員であり、人事院の行う刑務官採用試験に合格したものが任官される。試験会場は全国の刑務所。女性志願者の試験は女性刑務所で実施される。出願資格は年齢制限のみで、18歳以上29歳未満の男女が対象となる。第一次試験は高校卒業レベルの選択式の学科試験と論文。続いて第二次試験として体力測定と面接がある。試験成績だけでは決まらず、受験者の人物面や犯罪歴を調査のうえ合否が決まるのは仕事柄といえるだろう。

通常の試験とは別に、欠員が出たときなど不定期の採用試験も行われているほか、武道拝命という枠も存在する。これは柔道や剣道の有段者で、大会で好成績を収めたことのある者に対する特別採用枠となる。国家公務員試験総合職に合格し、法務省職員として刑務官を拝命する場合もあるが、これは数のうえではごく少数。幹部候補生として教官や管理職待遇となるため、現場で働くことはまずない。

刑務官に任官されると、約8カ月に及ぶ初等科研修を受ける必要がある。実際に仕事に就く前に、各法規や教育心理学、医学の基礎を座学で学んだり、護身術や実技訓練、文書作成や情報処理などの実務を叩き込まれるのだ。これは刑務官になって最初のハードルだといえるだろう。あまりの厳しさから途中リタイアを願い出る者もいるくらいだ。

実務に就いてからも、2年後に中等科研修、次いで高等科研修と昇任のためのステップが設けられている。たとえば係長クラスへの昇任は中等科研修入所試験で、課長クラスへの昇任は高等科研修入所試験で良い成績を収めなければならない。適宜、研修を挟む刑務官独自の昇進システムは、他省庁と比較しても優れているとされる。刑務官の職場は実力主義の世界なのだ。

刑務官になるには

試験に受かってからがつらい？　刑務官への道

刑務官になるには、学科試験と実技試験を受けねばならない。任命されたあとも研修があり、脱落する者も多い。

一次試験
一次試験は筆記で、選択式の学科試験と作文試験となる。高校卒業程度のレベルで、作文では表現力や理解力を試す。

二次試験
筆記試験に合格すると、個人面接と身体測定の実技試験を受ける。実技試験は立ち幅跳びや反復横跳び、上体起こしなどを行う。

武道拝命
通常の採用とは別に、柔道や剣道の有段者は、実力を認められ採用される。配属先は警備隊となる。

初等科研修
刑務官に任命されたあと、8カ月間研修を受ける。法律や医学の基礎を学ぶ座学や、護身術の実技、事務処理などを学ぶ。

タバコの厳重な管理が
刑務官の命題

該当する 人々	初犯者	累犯者	外国人 受刑者	刑務官	その他

該当する 施設	独居房	雑居房	工場	その他

タバコの管理は要注意!?
受刑者の目が光っている！

　刑務官は所定の制服を着用するよう定められている。警察官に似た紺の上下で、採用時に支給されたあとは、一定期間ごとに新たに支給される。シャツや靴は自前。いずれも清潔感のあるシンプルなものを用意する。また、靴の色は黒と決まっている。

　通勤時の心得もある。制服着用時は着帽が義務。また、雨天の際は傘を用いずに雨衣を着用する。意外に細かいところまで規定されているのだ。

　だったら髪型くらいといいたいところだが、脱色や染色はNG。長髪も禁止だ。ファッション的意味合いだけではない。暴れる受刑者を制圧するときに摑まれることもあるからだ。

　刑務官にも警察手帳のような職員証付きの刑務官手帳がある。これに携帯捕縄、呼子笛を合わせた携帯３品は、必ず携帯しなければならない。

　刑務官は走ってはいけないという原則がある。もちろん災害時や受刑者が逃走をはかったときなどの非常事態は例外だ。逆にいうならば、走っている刑務官がいたら、今まさに非常事態に対応している瞬間と見るべきだろう。日々の巡回にも規定のルートがある。そこから外れて歩いている者があれば、これも非常事態発生の印となる。

　興味深いところでは、タバコに関するルールもある。刑務官は休憩に使う待機室など、所定の場所でのみ喫煙を認められているが、ここで問題となるのが吸い終えたあとの吸いがらである。受刑者に占める元喫煙者の割合は高く、長い間タバコを取り上げられている身にしてみたら、そこに吸いがらが落ちていれば手を伸ばさないわけがない。そこで、刑務官はたとえ喫煙所であっても吸い殻を必ず始末するよう細心の注意を払っている。同時に、タバコが入っているロッカーや引き出しの施錠も怠らないようにしている。

刑務官の服装や髪型のルール

規則①

刑務官の服装や髪型にもさまざまなルールがある。刑務官らしくしっかりとした身なりに整える必要がある。

制服

制服は夏用と冬用があり、一定期間ごとに支給される。服装は常に清潔に、だらしなく見えないよう心掛けなければならない。

階級章

袖章

帽子

階級章はブレザーの襟やシャツの胸ポケットの上につく。袖章はブレザーの袖につく銀の線で、この線を「銀線」と呼ぶ。帽子にも銀線がつき、階級が高くなると線が増える。

シャツ

シャツは支給されず、自費で購入する必要がある。ちなみに色は、白と青の2種類となっている。

黒い靴

自費で購入する必要があり、色は黒と決められている。かかとの高い靴は注意される。

髪型

やや短めの短髪で、染色や長髪はNG。長髪は掴まれやすく危険だという理由からも禁止されている。

規則②

刑務官ならではの挨拶や外出申請

刑務官の挨拶は敬礼で統一されている。外出するときは届出する必要がある。

敬礼

所内ですれ違う際は、必ず敬礼をする。相手が上司の場合は先に敬礼し、上司はこれに答礼をする。同級者は相互に敬礼をする。

外泊届け

旅行で一泊以上外泊するときは、上官に「外泊届け」を提出する。非常事態が発生した場合に備え、所在を明らかにする必要がある。

他行届け

宿泊はしなくても、県外など遠距離に外出するときは上官に「他行届け」を提出する。飲み会の場合は「集会届け」を提出する。

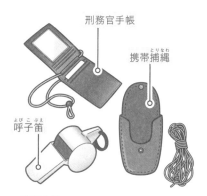

携帯3品

身分を提示する刑務官手帳、もしもの際受刑者を捕縛するための携帯捕縄、逃走事故などの非常事態の際に使用する呼子笛を、合わせて携帯3品という。

規則③

刑務官のタバコを狙う受刑者たち

禁煙生活をおくる受刑者はタバコの吸い殻を狙っている。
刑務官はタバコの取り扱いにも気を使う必要がある。

刑務官は喫煙OK

刑務官の中にはタバコを吸う者もいる。刑務官が休憩から戻るとタバコの匂いがし、受刑者は吸いたくなるという。

待機室のみ喫煙可

刑務官は待機室などでのみタバコを吸うことができる。喫煙所以外では吸ってはならず、勤務中はタバコもライターも所持してはいけない。

職員のロッカーも狙われる

刑務官のロッカーからタバコを盗もうとする受刑者もいる。必ず施錠する必要がある。

刑務所FILE

新人の刑務官を狙いタバコをゲット!?

受刑者が新人の刑務官を丸め込み、タバコを受け取るという事例も少なくない。若い刑務官は毅然とした態度をとあらなければならない。

刑務官のルーツは
律令時代の検非違使だった

| 該当する人々 ▷ | 初犯者 | 累犯者 | 外国人受刑者 | 川精官 | その他 |

| 該当する施設 ▷ | 雑居房 | 雑居房 | 工場 | その他 |

犯罪者の更生施設を最初につくったのは鬼平だった？

　刑務所は裁判によって、懲役・禁錮などの刑罰を受けた受刑者を収容するための施設だが、これに類似した施設が制度としてはじめて日本史に登場したのは律令時代のこと。7世紀後半の大化の改新後から、武家政治が始まる10世紀頃までの期間だ。この時期、司法を司る刑部省に属する囚獄司という役所があり、刑の執行や囚人を収容する獄所の管理を担当していた。平安時代になると、都の治安を守る検非違使がこの職務を担うようになった。

　江戸時代には、現在のように懲役や禁錮など身体拘束を伴う刑罰がなかった。時代劇でおなじみの牢屋敷は、裁判や刑の執行を待つ未決囚の収容施設。つまり、刑務所というより拘置所に近い囚人収容施設だったのである。

　刑務所に近い犯罪者の更生施設には、石川島に設けられた人足寄場があ

る。寛政の改革を行った老中・松平定信が、『鬼平犯科帳』の主人公として知られる長谷川平蔵の提案を入れて設置したものだ。18世紀末のこの時期、凶作のため多くの無宿人や浮浪者が江戸に流入、しばしば犯罪行為を行っていた。その対策として幕府が設けたのが人足寄場で、現在の刑務所同様、受刑者である人足たちに生業を与えて更生させることを目的としていた。仕事の内容としては、髪結いや大工、建具製作、精米などがあった。人足寄場は石川島のほか、大坂や箱館にもつくられた。

　第二次大戦後、刑務官に採用される者にはある傾向が見られた。旧軍出身者の、それも大尉や中尉といった尉官クラスが多く採用されたのだ。戦中は軍人を対象とした軍事刑務所というものがあったが、それらが廃止されたあとの、一般刑務所の話である。刑務官の行動規範が軍隊式といわれるのもこのためだが、規律を重んじる刑務所には適材適所ということだったのだろう。

刑務官の職務

ルーツ

囚人施設は古代にはつくられていた

囚人を収容する施設は古代日本より存在していた。ただし、刑務所としての基礎は江戸時代につくられたとされる。

検非違使

7世紀後半から10世紀ごろまでの律令時代、囚人を収容する「獄所」を管理する機関が設置された。獄所は検非違使という役職の者が監督し、刑の執行や囚人の監視を行った。

牢屋同心

江戸時代に牢屋敷を監督した役人。牢屋のカギを管理する鍵役や、囚人を拷問する際にムチを打つ打役など、さまざまな担当があった。

寄場奉行

江戸時代に囚人や無宿人を収容し、更生させる施設だった人足寄場を監督する役職。この人足寄場が刑務所の基礎となった。

旧軍出身者が刑務官となった

第二次世界大戦後は、旧軍の中尉や大尉クラスの者が刑務官として採用されることが多かった。

死刑を執行した刑務官には、執行手当てが支給される

死刑執行を知らされるのはなんと当日の朝!

日本は先進国で死刑制度を採用している数少ない国だ。刑事訴訟法では確定後6カ月以内の執行と定めているが、2000年以降、短くても1年、長くて19年5カ月かかっている。もっと長く執行されないものもある。冤罪事件がその原因である。

死刑囚は執行までの間、刑場のある拘置所もしくは刑務所で身柄を拘束される。具体的には東京、大阪、名古屋、広島、福岡の各拘置所と、札幌刑務所、宮城刑務所の全7カ所。彼らはこのいずれかに収容され、独居房で24時間、カメラによる監視を受ける。それ以外は比較的自由に過ごせるものの、実際は脅えながら暮らす者が多い。死刑執行を告げられるのは当日の朝からだ。現在では、執行担当の刑務官も同じく当日に職務命令を通知される。

死刑執行は法務省が起案し、法務大臣が決裁すると高等検察庁を経て拘置所に命令が下される。執行を知った受刑者の中には、当然激しく抵抗する者もいる。そんな死刑囚の連行を担当するのが、選び抜かれた屈強な刑務官たちだ。執行前はすぐに刑場に向かわず、教誨室で最後の説法を聞く。信仰する宗教があれば祈りを捧げてもよい。次に前室に通され、拘置所長から執行を告知される。前室は控え室のような部屋で祭壇には菓子が供えられ、飲食することも可能だ。遺書も残せるが、大抵の死刑囚は前もって用意している。

日本における死刑は絞首刑のみとなっており、刑務官は死刑囚に目隠しをし、手足を拘束して執行室に連行する。踏板の上に立たせて首にロープをかけたあと、拘置所長の合図でボタンが押され、踏板が落ちると死刑囚は落下する。執行ボタンは3人の刑務官が同時に押し、執行に立ち会った刑務官には執行手当が支給されるが、飲んで使うのが習わしとのことである。

死刑①

死刑当日の刑務官の任務

死刑執行日は死刑囚も刑務官も当日にならないとわからない。死刑執行人の刑務官は3人選ばれる。

ええ、
本日……

死刑執行は当日の朝に宣告される

死刑の執行は当日の朝、突然言い渡される。そのため、死刑囚は日々を脅えながら過ごすという。刑務官も当日に職務命令が下される。

死刑は3人の刑務官がボタンを押す

別室にいる3人の刑務官が一斉にボタンを押すと床板が開き、死刑囚が落下する。一斉にボタンを押すことで、誰のボタンで死刑が執行されたのかわからなくする仕組みだ。

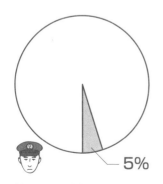

5%

死刑執行人は刑務官全体の5%のみ

死刑執行に携わる刑務官は、拘置所に勤務する刑務官全体のうち5%のみ。粛々と任務を全うできる刑務官でなければならない。

執行後は酒を飲む習わし

死刑執行後、刑務官にはわずかな手当が支給される。この代金は酒を飲みに行って使ってしまう習わしがある。

141

あらゆる執行方法がある世界の死刑制度

日本の死刑執行は絞首刑が採用されているが、世界ではさまざまな方法で執行されている。その一部を紹介する。

絞首刑

首にロープをかけ、体をぶら下げると首が圧迫され心停止する。日本以外にも韓国、北朝鮮、インド、サウジアラビア、エジプトなど多くの国で採用されている。

電気椅子

高電圧を加えて感電死させる器具。アメリカ合衆国で使用される（現在は一部の州のみ）。電圧が体に大きなダメージを与え、体温は140度前後まで上昇。皮膚や髪は焼かれる。

ガス室

アメリカ合衆国の一部の州で行われている。青酸ガスで死に至る。現在、より苦痛が少ない窒素ガスによる死刑方法が一部の州で導入されているが、執行の例はない。

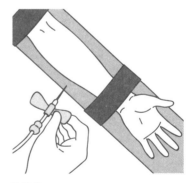

薬殺刑

主にアメリカ合衆国で行われている。3種類の薬物を注射し、安楽死に近いかたちで死に至らしめる。執行人は医者で、7分ほどで処刑が完了するという。

死刑③

少しずつ死に至らしめる昔の恐ろしい処刑方法

昔の処刑方法は即死必至するものから、苦痛を与えながら殺す方法まで多岐にわたる。

斬首刑
首を刃物などで切断し即死させる。古代から現代まで世界中で行われた刑罰。現在では、サウジアラビアのみで採用されている。

石打ち刑
地中に下半身を埋め、身動きがとれない囚人に向かって息が絶えるまで石を投げる。イランなどイスラム教国の一部の地域では現在も採用しているという。

江戸時代の処刑方法

磔（はりつけ）
関所破りや偽金づくりで捕まった者への刑罰。刑場の磔柱に縛り付け、槍で体を串刺しにする。公開で行われた。

火あぶり
放火を行った者に適用される刑罰。竹枠で組まれた柱に縛り付け、体をカヤで覆い隠し、足元に薪を積み火をつける。

切腹
血や内臓があふれだして処理が大変なため、江戸時代中期以降は短刀の代わりに扇子を置き、手を伸ばした瞬間斬首する方法に変わっていった。

column ④

脱獄はできない仕組みに
なっている

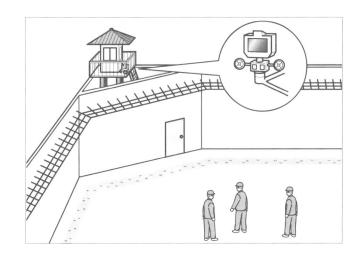

簡単にできてしまう刑務所も中にはある

　海外と異なり現代日本において脱獄はほぼあり得ない。その理由は、指紋認証システムや赤外線センサーなど、最新鋭のハイテク設備が整っているからではない。塀をこえても逃げ込める所がないのである。とはいえ、脱獄はまったくゼロではない。近年では、2018年の４月に松山刑務所の造船作業場から脱獄した受刑者がいた。ただし、松山刑務所の造船作業場は、開放的処遇施設と呼ばれる塀のない場所で、その意志さえあれば脱獄自体は非常にたやすい。脱獄した受刑者は社会復帰を前提とした模範囚のため、刑務所サイドもまさか脱獄して罪を重ねるとは思わなかったのだろう。ちなみに、この脱獄した受刑者はおよそ３週間後に逮捕されている。

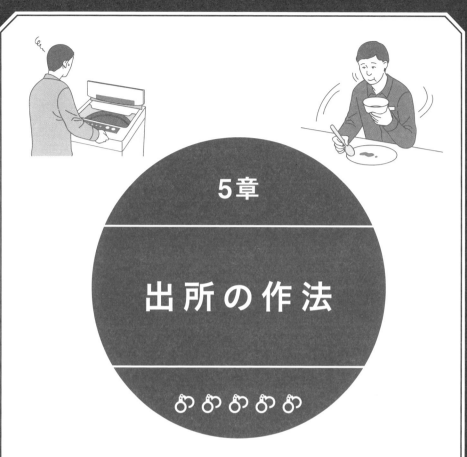

5章

出所の作法

無事刑務所から出所できても、その後に待っているシャバでの暮らしもうまくいかず、刑務所に戻ってきてしまう者は多いという。本章では、受刑者たちが出所したあとの生活や、社会復帰するまでの支援、元受刑者ならではの習慣などを紹介する。

出所の作法 その1

仮釈放が認められる絶対条件は、日頃の生活態度のよさ

該当する人々	初犯者	累犯者	外国人受刑者	刑務官	その他

該当する施設	独居房	雑居房	工場	その他

出所後の生活を支える身元引受人は親族がベスト

「仮釈放」という制度がある。一定の条件を満たせば、受刑者は刑期の満了を待たずして刑務所を出られるというものだ。この制度は、懲役刑や禁錮刑となった者が自らの罪を十分に反省し、再犯の恐れもなく、更生の様子が見られる場合に適用される。

仮釈放の絶対条件は、刑務所長の許可はいうまでもなく、受刑者は反省し更生していなければならない。そのためには、刑務所内での生活態度が良好であることが求められる。刑期の3分の1以上が経過していることも条件で、通常は刑期が3分の2を過ぎたあたりで仮釈放されるケースが多く見られる。無期刑の場合は10年の刑期が条件とされているが、実際には30年以上と長期化しているという。

このほか、高齢だったり、天涯孤独だったりする場合は、仮釈放は難しい。

むしろ、高齢を理由に受刑者自身が仮釈放を望まない事例もある。そのため受刑者が仮釈放を望むことも条件のひとつとなる。

身元引受人の存在も仮釈放の大事な条件である。身元引受人は、受刑者の身柄を預かって出所後も監督する立場にあるため、受刑者の親族が望ましい。それでも服役してしまったことで、親族と絶縁状態に陥る場合が多々あるため、親族に限らず身元引受人を指定できる。友人・知人などの中から、最適な人物を受刑者が選択し本人が承諾すればよい。

ただし、身元引受人として正式に認められるには審査がある。身元引受人として適切かどうかの調査が行われ、許可されれば仮釈放が正式に決まる。許可されないときは、身元引受人の変更手続きが必須だ。もし、誰も身元引受人がいない場合は、保護観察所に相談する。ここは、仮釈放者などを保護観察をする機関でもある。

仮釈放

刑期を終えずに出所している者もいる

刑期満了前に釈放が認められることを仮釈放という。ただし、仮釈放の許可が下りるにはさまざまな条件がある。

面倒を見てくれる親族がいる

仮釈放になっても、面倒を見てくれる人がいないと再び犯罪に手を染めてしまう可能性が高くなる。まともな親族が面倒を見てくれるのであれば、刑務所側も安心して釈放できる。

仕事がある

刑務所を出ても仕事がないと、お金に困って犯罪に走ってしまうかもしれない。逆に仕事先が決まっていれば、仮釈放は認められやすい。

仮釈放には身元引受人が絶対に必要

親族でなくとも、身元引受人がいることは仮釈放の絶対条件。刑務所側が信頼すれば、血縁関係のない知人であっても構わない。

刑務所FILE

高齢受刑者は満期での出所が多い

高齢受刑者の場合、出所しても働き先を見つけるのが難しい。さらに、親や兄弟などの身元引受人が他界している場合が多いので、仮出所が認められずに満期まで刑務所に収容されている場合が多い。

出所した人たちを支援する
民間団体がある

宿泊できて食事も出る
生活や仕事の援助もある

身元引受人がいない場合、保護観察所に相談すると、その保護観察所から委託された更生保護施設に連絡がいく。そして、更生保護施設が受け入れを認めると仮釈放ができる環境が整い、出所後はその更生保護施設で生活することになる。

保護観察所は国の機関で、保護観察官・保護司が仮釈放者の社会復帰を支援している。仮釈放で出所した者が真っ先に行くのがここで、仮釈放者の就労支援を行う団体も紹介してくれる。

それに対して更生保護施設は、国からの更生保護委託費によって運営される民間団体。親族からの援助がなく、ほかに頼るところがない仮釈放者が実際に生活を送る場所である。2018年6月現在、全国に103施設を数え、収容人数は2000人を超える。

更生保護施設で仮釈放者は、自立・更生に必要な支援をさまざまな面から受けられる。

自立準備が行えるよう生活基盤となる宿泊や食事が供与されるのだ。同時に、社会復帰を促す指導・援助が行われ、退所後の自立した生活維持のための就労指導なども受けられる。入所者がボランティア活動などを通じて、早く社会生活に適応できるように生活指導を行ったり、退所後に住む場所を調整したり、いろいろと面倒を見てくれるのだ。

なお、この施設には仮釈放者以外にも、満期釈放や執行猶予中の者も入所して生活している。

施設は男子と女子で別になっており（男女施設もある）、収容者の定員数は20～30人。部屋は個室が多く、大半の所在地が刑務所の周辺だ。更生保護施設にずっとお世話になりたいと思っても、長期間いられるわけではなく、仮釈放者の場合は仮釈放期間中のみ、満期釈放者では6カ月間となる。

更生保護施設

出所した者たちを支援している施設

更生保護施設は、社会復帰の指導や支援を行う施設だ。仮釈放になった者の一部は、こちらに身を寄せることになる。

食事の提供

当座の生活に困らないように、一定期間は無料で食事が提供される。食事の内容は、刑務所よりも温かくボリューム満点だという。

宿泊も一定期間は無料

更生保護施設は、宿泊施設としての側面もある。大抵の場合、居室にはベッドと机が設置され、刑務所よりも清潔なつくりになっている。

就労支援

就職を斡旋したり、就労意欲を促したりする。場合によっては、雇用主に仮釈放中の受刑者を引き合わせることもある。

お金の管理

更生保護施設に身を寄せる者の多くは、お金の管理ができない場合が多い。自立に向けて、お金の貯め方や使い方の指導も行っている。

刑務所FILE

更生保護施設の祖は篤志家の金原明善

更生保護施設を日本ではじめてつくったのは、金原明善という人物。天竜川の治水事業や北海道の開拓などを行った明治時代の実業家として知られている。

149

釈放前の受刑者は、洗濯機の使い方を教えられる

該当する人々 ▷ **初犯者** **累犯者** 外国人受刑者 初犯者 **その他**

該当する施設 ▷ **独居房** 雑居房 工場 **その他**

♂ 塀の外の情報・知識を得るため日常体験や実地体験も!

出所が決まると、受刑者は仮釈放の場合は2週間前、満期釈放の場合は1週間の釈放前教育がなされる。受刑者たちは刑務所暮らしにすっかり慣れてしまっているため、社会復帰のためのリハビリを行うのだ。要は浦島太郎をなくそうというわけである。ちなみに釈放前教育は、刑期の長短や受刑者の資質によって指導する期間や、内容そのものが変更される。

特に満期釈放の場合は、仮釈放が受けられなかった受刑態度がよろしくなかった人たちが多い。そのため満期釈放者は毎日のようにいるものの、集団で指導することはせず、個別で指導するのが通例となっている。

一方、仮釈放者への指導はきっちりと行われる。刑務所では毎週決まった曜日を仮釈放の日と決め、同じ日に5〜20人くらいを釈放している。出所

2週間前になったら、刑務作業が免除され、釈放前教育が始まるが、これも一緒の顔ぶれで受ける。

釈放前教育は、仮釈放準備寮などと呼ばれる半開放で一般住宅に近い施設で行われる。より一般社会に近い環境で共同生活をさせることで、出所に対する不安を解消させるのが最大の目的なのだ。この施設では刑務官による見回りもなく、一般的な食器での食事や、洗濯機を使用するなど、自主的な生活が体験できるようになっている。

また、刑務所によっては買い物体験やボランティア活動、通勤を含む事業所での勤労体験も実施している。ただし、これらは仮釈放の受刑者に向けた教育であり、満期釈放の受刑者を塀の外に出すことはほとんどない。

また、体験型の教育だけでなく講話や映像教材などによる教育も行われる。出所後の心構えや雇用賃金の状況、年金や健康保険の加入の仕方まで、その内容は多岐に及ぶ。

釈放前教育

社会復帰には事前教育が必要不可欠

仮釈放が決まると、出所日の2週間前から釈放前教育が行われる。いわば社会復帰のためのリハビリを行うのだ。

洗濯機の使い方

受刑者の服を洗うのは、同じ刑務所に収容されている衛生係の仕事。しかし、外の世界では自分で洗濯しなければならないので、洗濯機の使い方を教えることも釈放前教育に含まれる。

映像教材

刑務作業を免除される代わりに、言葉づかいや交通機関の利用方法、物価の推移などのビデオを見るのも釈前教育のひとつ。映像を見たあとは感想文の提出を求められる。

見回りの免除

あと十数日で仮釈放となれば、受刑者たちが脱獄する危険性はほとんどなくなる。そのため刑務官による舎房の見回りはなくなるという。

所外への実習

釈放前教育には、働くための練習として刑務所の外へ働きに出るということも。その際は刑務官が付き添うことなくひとりで赴く。

保護観察中に仕事をサボると、刑務所に連れ戻される

無断での旅行や転居はNG 再犯ならすぐに塀の中へ

仮釈放で塀の外へ出た受刑者は、保護観察中という状態に置かれる。これは、仮釈放の期間（刑期満了日）まで続く。たとえば、懲役5年の場合なら、その最後の日まで続くということだ。

出所したら、全国50カ所にある保護観察所へ行かなければならない。ここで保護観察官の面接を受けて手続きを行い、担当の保護司に会いにいくように告げられる。保護司というのは、犯罪者が更生するのを支援する人で、1カ月に2回ある定期的な面接で、生活についての報告などを行う相手だ。

保護司は、仮釈放者が飲酒・ギャンブルなどの悪癖に手を染めていないか、再犯の恐れはないかといった保護観察中の状況を評価する。同時に、一般社会に出てスムーズに適応できているか、就業面や心配事などについても相談にのってくれる存在でもある。

保護観察中は、刑務所の中ほどではないにせよ、保護観察官・保護司の監視下に置かれている。そのため、守らなければならない遵守事項がいくつかある。先に挙げた「面接」も、そのひとつ。ほかにも、二度と犯罪に手を染めないこと、住居を定めること、転居や7日以上の旅行は保護観察所の許可を得ることが定められている。

ちなみにパスポートを申請する際、保護観察中かどうかという項目がある。正直に申請すると、パスポートが交付されなかったり、交付されても渡航先で入国できなかったりする場合がある。とはいえ、旅行のために虚偽の申請をすれば、旅券法違反。犯罪者として刑務所へ逆戻りだ。

これらの遵守事項を守らなかった場合は、保護観察期間が停止し、刑務所に戻され、仮釈放日にさかのぼり残りの刑期を終えなければならない。犯罪行為をした場合は、その犯した罪の刑期が追加される。

仮釈放の取り消し

ルールを守らなければ再び収監される

仮釈放になった者は、保護観察所の監視下に置かれる。また、保護観察期間は、刑の満了日まで続く。

ルールを破れば刑務所に逆戻り！

仮釈放は、読んで字のごとくあくまで仮の釈放。保護観察所の職員である保護観察官や保護司との約束を守らなければ、再び刑務所に連れ戻されることになる。

保護観察中にやってはいけないこと

無断での旅行

旅行をするのは構わないが、保護観察中は報告義務がある。特に6泊7日以上の旅行や出張は、許可申請書の提出が義務付けられている。

仕事をサボる

自立するためには、しっかり働く必要がある。こちらも最悪の場合、刑務所に連れ戻されることも。

黒い交友関係

犯罪歴のある知人・友人と交友関係を持つことはNG。バレれば再び刑務所に収容される場合がある。

酒に溺れる

仮釈放者は、健全な生活態度を保持しなければならない。酒に溺れることなど、もってのほか。

出所の作法 その5 刑務所で長く生活していると、女性と会話ができなくなる

該当する人々	初犯者	累犯者	外国人受刑者	刑務官	その他

該当する施設	独居房	雑居房	工場	その他

規則正しい刑務所生活でいい習慣も身につく

厳しい掟による規則正しい毎日を送ることで、受刑者は塀の外にいたときよりも健康になることが多い。食事はカロリー量が計算されているし、栄養のバランスも考慮されているからだ。また、主食の麦飯は白米よりも栄養豊富で体によいとされ、菓子類などを食べ過ぎることもないため、肥満気味だった場合も健康的な標準体重になるという。無料の刑務所ダイエットというわけだ。

毎朝、決まった時刻に起床し、昼間は程よく体を動かし、夜は睡眠時間も十分とることができる。食事時間も一定で、規則正しい生活によって夜型人間も昼型に変わり、体内時計も正しくなるため、体調もすこぶるよくなる。

舎房内は整理整頓にも厳しく、しばらく刑務所暮らしをすると大抵の受刑者は片付いていないと落ち着かず、掃除好きになる。刑務官に対する敬語を続けることで丁寧な言葉遣いになるし、背筋を伸ばした状態でいる場面が多いので姿勢がよくなることなども、受刑者あるあるだ。

一方で、刑務所暮らしには後遺症ともいうべきものも存在する。たとえば、自分でお金の管理することに違和感を感じたり、女性との接し方がぎこちなくなったり、指示されないと何をやっていいかわからなかったり——自分でも気付かないうちに染み付いた刑務所ルーティンに、戸惑うことも多いという。

お金の管理だと、特に最近はキャッシュレス決済や電子マネーを使いこなすのに一苦労。タバコ1箱の価格や消費税率など、入所前と違う勝手に驚くこともあるようだ。指示待ち体質になってしまうのは、刑務官の命令が絶対だった名残りだろう。出所後もドアの前で開けてくれるのを待ってしまったり、自分から会話をしなくなったりするケースもある。

154

生活習慣①

刑務所生活で染み付いた生活習慣

刑務所生活が長引くと、よくも悪くも生活習慣が体に染み付いてしまう。まずは、よい意味での生活習慣を紹介する。

常に姿勢がいい

刑務官の前で姿勢が悪いと懲罰の対象になるため、何年にもわたる刑務所生活を送ると姿勢がよくなる。

早寝早起き

刑務所に入る前は自堕落な生活を送っていた者も、刑務所では規則正しい生活に。出所してからもその習慣はなかなか抜けない。

整理整頓

舎房では、整理整頓がなされていない場合も懲罰の対象になる。刑務所生活を送っていると、自然とキレイ好きになる者が多い。

3食きっちり食べる

刑務所では、3食の食事が必ず出される。きっちり3食とるという生活習慣が身に付くため食べないと落ち着かなくなる。

社会復帰を困難にさせる悪い生活習慣

刑務所という特異な場所で生活していると、社会復帰の足かせとなる悪い生活習慣も身に付いてしまう。

上司より先に歩く

社会において、部下は上司のうしろを歩くのがマナー。一方、刑務所では、刑務官の先を受刑者が歩くのがルール。そのクセが抜けず、うっかり上司の先を歩いてしまうのだとか。

羞恥心に欠ける

着替えもトイレも、常に誰かに見られる刑務所において、羞恥心はむしろ不要。社会に出ても平然と人前で着替えてしまい、周囲から驚かれることも！

真っ暗だと眠れない

刑務所では刑務官の見回りがあるため、就寝時は真っ暗ではなく少し明かりがついているのが基本。その習慣が根付くことで、部屋を真っ暗にすると眠れなくなるらしい。

食べるのが早い

食事の時間は30分確保されているが、準備時間やトイレ時間も含まれているので、10分ほどで食事を済ませるのが刑務所の作法。そのため出所後も、早食いの人が多い。

扉を自分で開けられない

刑務所の中では、受刑者が開錠や施錠をすることはない。そのため、扉の前で一瞬、開けられるのを待ってしまうことがある。

金銭感覚がズレている

長い間、刑務所にいると物価の推移に疎くなりがち。そのため、タバコなどを買う際に、思ったより高くて驚くことも。

一日中、部屋にいる

規則に縛られ、自主性を否定される刑務所。長いこと収容されている者ほど、物事の選択や決断ができなくなり、引きこもりになってしまう例も少なくない。

女性と話せない

刑務所では異性と接する機会が失われるので、変に意識して女性と話すのが苦手になってしまう。目が合っただけで赤面してしまう者も。

自分で申告しなければ、前科はかなりバレにくい

該当する人々	初犯者	累犯者	外国人受刑者	刑務官	その他

該当する施設	住居所	雑居房	工場	その他

自分から申告しなければ、前科はバレる可能性は低い

前科者だとわかると就職や結婚などで不利になるというイメージがある。そもそも前科とは、刑が確定した経歴を表わす言葉だ。

前科情報は、市区町村ごとに管理する「犯罪人名簿」に記載される。これは、地方検察庁から刑罰確定者の情報が通知されると、主に選挙権・被選挙権を確認するために作成する名簿。本人も含めた外部の人に記載の情報が見られないよう、厳重に管理されている。

もうひとつ、「犯歴票」というものがあり、罰金以上の刑が確定した場合、記載・保存される。こちらは検察庁が管理するもので、刑事裁判の資料という位置づけのため、照会可能なのは検察官、検察事務官のみとなる。

犯歴票からは名前が抹消されることはないが、犯罪人名簿からは条件をクリアすれば抹消される。執行猶予の場合は問題なく期間満了、罰金以下の刑の場合は釈放後に5年間再犯なし、禁錮以上の刑の場合は釈放後に10年間再犯なし、そして大赦や特赦でも名簿から名前が消える。

このように、前科情報が誰かに見られる心配はない、といっていい。このため自分で申告しない限り、バレる可能性は低い。

ちなみに就職する際、履歴書にある賞罰欄に「賞罰なし」と書くと、経歴詐称に該当してしまう。この場合は賞罰欄がない履歴書を使用すれば、賞罰について書かなくて済む。また、教員や弁護士、弁理士等の場合、禁錮以上の刑では国家資格を剥奪されたり、再度の資格取得の権利をなくしたりする。

ただ、インターネットが普及した現代、一度ネット上に前科情報が出ると非常に厄介だ。サイトの運営会社に削除を要請する方法もあるが、忘れた頃に前科情報が流されるようなことも起こり、完全に削除するのは難しい。

前科

自分で話さない限りバレることはない！

刑務所に入所した経歴を持つ者は前科持ちと呼ばれが、黙っていればほとんど知られることはないという。

黙っておくのが一番

前科は自分から言わなければバレることはない。ちなみに、履歴書に賞罰の記載があるにもかかわらず書かないと虚偽の報告になってしまう。だが、賞罰の記載がない履歴書を使えば虚偽の報告にはならない。

選挙には出られない

前科がある者は、一定期間、選挙に立候補することができないという法律がある。そのため選挙に出ようなどと思わなければ、バレることはない。

パスポートセンター

パスポートが発行されない

旅券法違反により処罰された前科を持つ者が、パスポートを交付されるのは難しい。また、前科がある場合、パスポートは受領できても相手国の入国審査が通らないことがある。

刑務所FILE

重大事件は家族ごと転居

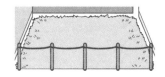

重大事件を起こした犯罪者の家族は、周辺住人から前科者や犯罪者のように扱われ、転居してしまう場合がほとんど。また、前科は申告しなければバレないといっても、服役した際の事件を知る者がいれば周囲の知るところなり、服役前と同じ場所に住むのが難しくなる。身バレを防ぎたい前科者は、転居することが大前提なのだ。

159

近年、受刑者の権利は大幅に拡充された

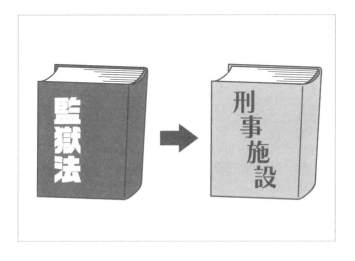

刑務所は監獄ではなく刑事施設！

　外国人受刑者からの訴えや、刑務官による受刑者への暴力による死亡事件などにより、2006年に監獄法が改正された。明治41年に制定されてから約100年ぶりの改正である。従来の刑務所内での作業は奴隷的強制労働と非難され、規律違反に科せられる懲罰は拷問だと海外に伝えられ、国際的な人権団体から日本政府への改善勧告が多く寄せられていた。しかしこの改正により、受刑者の権利が拡充され、刑務所は「監獄」ではなく「刑事収容施設」と呼び名も変更された。さらに、外部識者によるチェック機能である「法務省刑事施設視察委員会」も設置された。ちなみに、本書を監修する河合幹雄は、この委員会の元・委員長である。

矯正施設と刑務所が抱えているさまざまな問題

年齢や性別、罪状などにより、受刑者はさまざまな刑務所施設に収容される。外国人が多い施設、女子刑務所、未成年が収容される少年院・鑑別所など、各施設にはそれぞれ特徴がある。あまり知られることのない、施設ごとの実態と、刑務所が抱えている諸問題を解説する。

日本人受刑者より厚遇を受けている！？
在日米軍収容所（横須賀刑務支所）

　横浜刑務所横須賀刑務支所は日本で唯一米軍関係者を収容する専門舎房。ここに収容される米軍関係の受刑者は、約半分の刑期で仮釈放が認められ、本国に送還される。懲役10年の実刑であれば5年を経れば仮釈放が認められるのだ。食事は洋食で、朝食はパンケーキ、チーズオムレツ、ボイルドライスなど。昼食にはステーキ、ポテト、フルーツカクテルなど欧米人の口に合わせたものとなっている。また、食事の際は日本の受刑者の場合はお茶が出るが、在日米軍収容所ではコーヒーや牛乳が提供される。風呂はシャワーで、独房の広さも若干広めである。受刑者が厚遇を受けているとみる向きもあるが、日米地位協定により守られている。

食事は洋食で、パンは「Pasco」。

風呂ではなくシャワー。

出所後は強制送還。

男性と違って髪の長さは自由

女子刑務所

　男性受刑者の髪型が丸刈りなのに対し、女子刑務所は髪型や長さが自由。さらに、ヘアピンやゴムの使用も認められている。刑務官の９割以上が女性である点や、塀の高さが一般刑務所と比べて２ｍあまり低く造られていることなど、男性だけの刑務所とさまざまな相違点がある。妊娠中の女子受刑者の出産は外部の病院で行われ、出産後は刑務所内で１年半あまり子どもと過ごすことができる。そのため、所内には育児室が設けられている。雑居房独居房ともに鍵が掛けられてはいないが、近年は女子受刑者の素行悪化に伴って、鍵付きの独房が造られ始めているところもある。女性の受刑者は平成23年までは増加傾向にあったが、以降は減少傾向にある。

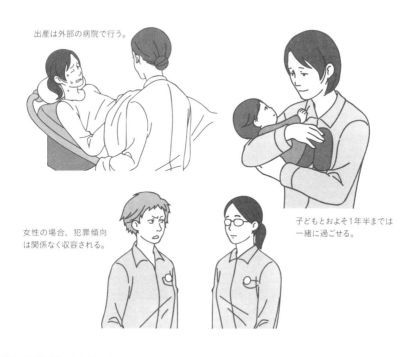

出産は外部の病院で行う。

女性の場合、犯罪傾向
は関係なく収容される。

子どもとおよそ1年半までは
一緒に過ごせる。

少年院に送るかどうかの是非を問う施設

少年鑑別所

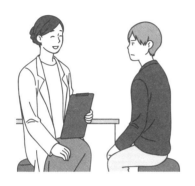

　少年鑑別所とは素行不良の20歳以下の少年少女を鑑別する施設で、全国52カ所に存在する。家庭裁判所で保護処分を受けた彼らに更生の見込みがあるかどうかを見極めるため、収容期間中は心理学や教育学などの専門知識に基づき、少年たちの資質や環境を調査する。できれば少年院に送りたくないという考えが根底にあり、最大8週間、朝7時に起床し、夜9時就寝の規則正しい生活を送らせること。そこで更生可能かどうかを判断し、少年院に送致、もしくは帰宅かが決定される。女子の場合も同じである。

全寮制の学校という雰囲気の施設

少年院

　少年院は、犯罪に走った少年を問題のある生活環境から隔離して、保護することを目的としている。刑務所のような塀はなく、いわば全寮制の学校という雰囲気である。施設では、学科、情操教育に体育指導などのカリキュラムが組まれ、ひとりの少年に対して数名の教官が教育にあたる。16歳から23歳未満の者が入所し、少年院に送致された者は、警察や裁判所に前歴は残るが「前科」にはならない。ちなみに、少年院の食事は刑務所で出されるものよりも高カロリーなので、入所中に太る者も多いという。

女子高校のような名称の矯正施設

女子少年院

　愛光女子学園、交野女子学院、貴船原少女苑と聞くと、女子高校を思い浮かべるかもしれないが、これらは未成年で犯罪に走った女子たちを収容する女子少年院である。男子の場合、窃盗などで少年院に収容されることが多いのだが、女子の場合は覚せい剤や殺人のケースが多い。全国に9カ所あり、いずれも一見しても女子少年院とは思えない建物となっている。収容中は生活訓練や職業指導、義務教育課程の履修などが行われている。法務教官はほぼ女性のため、防犯対策として外部に依頼（セコムに加入）している。

一般の刑務所よりも自由な雰囲気

交通刑務所

　交通犯罪者を専門に受け入れている刑務所を交通刑務所と呼ぶが、あくまで通称の施設名である。以前は交通事故による禁固刑受刑者を収容する施設だったため、一般の刑務所よりも規則は厳しくなく、塀も開放的な雰囲気だった。しかし、2001年東名高速道で酒酔い運転のトラックが女児2人を死亡させた事故などをきっかけに危険運転致死傷罪が制定。無免許、酒酔い、ひき逃げといった重大な死傷事故を起こした受刑者を収容することから、一般の刑務所並みの水準に切り替えることが現在検討されている。

刑務所が抱えているさまざまな問題

高い再犯率、受刑者の高齢化などなど、現代の刑務所は多くの問題を抱えている。これらの問題の原因はどこにあるのだろうか?

再犯率が高い問題

　刑務所は罪を償うための施設だが、受刑者の更生も目的としている。つまり、出所した人が社会の一員として生活し、もう罪を犯さないことが理想なのである。だが、現実には「満期出所者のうち、およそ2人に1人はもう一度罪を犯して刑務所に戻ってくる」というデータがある。高い再犯率の背景には、受刑者にちゃんとした就労経験がなかったり、受け入れる企業が少なかったりするため、なかなか定職に就けないという問題がある。また、出所者が容易に住居を借りられないという問題もある。住所がなければ、就職のための面接すら受けられない。こうした事情から再び犯罪に手を染めてしまう出所者が生まれてしまうのだ。

刑務所の高齢化問題

　前ページで紹介したように、出所したものの再び刑務所に戻ってくる受刑者は非常に多い。刑務所への出入りを繰り返しながら年老いていく受刑者も多いことは、累犯者の高齢化にもつながっている。法務省の 2016 年の統計では 65 歳以上の受刑者は 12.2% となっているが、その割合は今後、ますます増えていくことだろう。高齢の受刑者が増えることでの問題は複数存在する。まず、その受刑者が病気などで寝たきりになると、刑務作業が行えないだけでなく、そのケアのために刑務官や介護スタッフ、医師が必要となり、人手不足が加速してしまうこと。さらに高齢受刑者は出所しても社会に居場所がなく刑務所に戻ってくる例が多いこと。こうした場合、認知症の影響で罪を犯すケースも多いと考えられている。

刑務作業を行わず一日中、粘土遊びをしている受刑者もいる。

刑務所内引きこもり問題

　暴動や逃走などに頭を悩ませる海外の刑務所とは違い、日本ならではの刑務所の問題が「刑務所内引きこもり」である。ほかの受刑者からイジメられたなどの人間関係が原因で、刑務作業で外に出ることを拒否して部屋に引きこもってしまう受刑者が存在するのである。こうした引きこもりが起きる原因として、日本人の内にため込みやすい国民性や、雑居房で一緒に暮らしながら刑務作業も共同で行うため、過度に密接になる人間関係などが挙げられる。また、問題が起きないように受刑者を細かなルールで縛る制度も、それになじめない受刑者を集団からはじき出し、引きこもり化させてしてしまう原因となっている。

女子刑務所の高収容率問題

　女性の受刑者が収容される刑務所などの施設は全国に11カ所しかなく、どこも超満員で過剰収容の状態になっていると指摘されてきた。問題は女子刑務所に空きがないと、刑が確定したのに拘置所から刑務所に移れず、刑務作業もできないため仮釈放にも近づけない、ということ。だが、こうした状況は改善されつつある。平成29年の犯罪白書によると、平成18年まで既決囚の収容率は100%を超えていたが、収容定員数が拡大されたことによって平成23年から低下し、平成28年の既決囚の収容率は91.4%にまで下がっている。

女性受刑者は窃盗もしくは覚せい剤で入所する者が多い。

刑務所の医師不足問題

　167 ページでも紹介したとおり、受刑者の高齢化問題が懸念されている。高齢の受刑者が増えると、その病気に対応する医師も必要となるが、刑務所では医師が不足している。特に地方では働く医師が不足しており、結果的に地方の刑務所の医師不足は深刻である。また、受刑者相手の仕事という点も、刑務所における医師不足の原因となっている。そういった状況を受けて 2015 年、別の病院などで勤務することを認めることで、刑務所や少年院で働く医師の待遇を改善する特例法が成立した。こうした取り組みの成果で減少に歯止めがかかったものの、依然として医師不足の施設はある。さらなる対策が必要だろう。

死刑存廃問題

　死刑制度の廃止が国際的な潮流となっているが、日本国民の大多数は死刑を容認しているのが現状だ。死刑制度を肯定する主な意見として、「加害者が生きたままだと、被害者の遺族の気持ちはどうなるのか？」「加害者は命で罪を償うべき」「死刑が凶悪な犯罪を抑止する」などといったものがある。一方、死刑を否定する意見として主なものは、「冤罪があったときに死刑を執行していたら取り返しがつかない」「生きて罪を償わせたほうがいい」「国家でも人を殺してはいけない」などである。実際、死刑が犯罪を抑止する効果については、専門家からも疑問の声が上がっている。今後、議論を深めていく必要があるだろう。

刑務所に入る可能性は
誰しもが持ち合わせている

　本書、『現代 刑務所の作法』を読んでどうお思いに
なっただろうか？

　食事は3食しっかり出るが、風呂に入れるのは週に
数回。刑務官から監視されつつ黙々と刑務作業をして
も、得られるお金は月に4500円程度。本や雑誌は読め
るが、現代人にとって必要不可欠となったスマホには
触ることすらできない ──。

　独居房に入れられれば誰かと話すこともままならず、
雑居房に入れられても人間関係というストレスがかか

る。おそらく、「刑務所なんて絶対に入りたくない」と思った人が大半であろう。

　ただ、「雨露がしのげるから」「食事が３食必ず出るから」という理由で刑務所に入ってしまう者も少なくない。このような人々は、社会に適応することができず、社会の隙間に入り込んでしまった人たちである。

　彼らと実社会で生きている私たちの違いとは何か？簡単に思い浮かぶところでは、学力や経済力などだが、生まれ育った家庭環境や、生まれつきの才能、さらに「運」も大きく関係していると思われる。

　何かの拍子で刑務所に入ってしまう可能性は、おそらく誰しもが持ち合わせている。だが、できることなら無縁な場所であってほしいと願うばかりである。

河合幹雄

参考文献

◆ 書籍

『もしも刑務所に入ったら「日本一刑務所に入った男」による禁断解説』
河合幹雄 著（ワニブックス）

『日本の殺人』河合幹雄 著（ちくま新書）

『終身刑の死角』河合幹雄 著（洋泉社新書y）

『刑務所（雑学3分間ビジュアル図解シリーズ全）』坂本敏夫 著（PHP研究所）

『元刑務官が明かす刑務所のすべて』坂本敏夫 著（文藝春秋）

『図説 知られざる刑務所のすべて』坂本敏夫 著（日本文芸社）

『図解 刑務所のカラクリ』坪山鉄兆 著（彩図社）

『刑務所の謎』知的発見！探検隊 著（イースト・プレス）

『刑務所生活の手引き』名和靖将 著（イースト・プレス）

『新訂版 実録！ 刑務所暮らし』別冊宝島編集部 編集（宝島社）

『刑務所なう。完全版』堀江貴文 著（文藝春秋）

『ムショメシ』川保天骨著、籔中博章 著（三才ブックス）

『大江戸復元図鑑〈武士編〉』笹間良彦 著（遊子館）

※そのほか、数多くの資料を参考にさせて頂きました。

監修 河合幹雄（かわい・みきお）

法社会学者。京都大学大学院にて法社会学専攻後、フランスの名門法学研究科であるパリ第2大学へ留学。その後、京都大学法学部助手を経て、現在、桐蔭横浜大学法学部教授・副学長。公益財団法人矯正協会評議員、全国篤志面接委員連盟評議員も務める。ほか、日本犯罪社会学会理事、日本法社会学会理事、日本被害者学会理事を務め、警察大学校教員、嘱託法務省刑事施設視察委員会委員長などを歴任した。著書に『日本の殺人』（ちくま新書）、『もしも刑務所に入ったら』（ワニブックス）など。テレビや新聞など、メディアにも多数出演している。

STAFF

企画・編集	細谷健次朗、柏 もも子、工藤羽華
営業	峯尾良久、長谷川みを
執筆協力	村沢 譲、野村郁朋、龍田昇、上野卓彦、玉木成子
イラスト	熊アート
デザイン・DTP	G.B. Design House
表紙デザイン	深澤祐樹（Q.design）
校正	ヴェリタ

現代 刑務所の作法

初版発行	2021年3月28日
監修	河合幹雄
発行人	坂尾昌昭
編集人	山田容子
発行所	株式会社G.B.
	〒102-0072 東京都千代田区飯田橋4-1-5
	電話 03-3221-8013（営業・編集）
	FAX 03-3221-8814（ご注文）
	https://www.gbnet.co.jp
印刷所	音羽印刷株式会社

しくみや文化がよくわかる
G.B.の作法シリーズ

続々、発刊中！

戦国 戦の作法
監修：小和田哲男

戦国武将を下支えした「足軽」や「農民」たちのリアルを追う。

定価：本体1,500円＋税

大江戸 武士の作法
監修：小和田哲男

江戸期の下級武士たちはどんな場所に住み、何を食べていたのか!?

定価：本体1,600円＋税

戦国 忍びの作法
監修：山田雄司

本当の忍者は空を飛ぶことはなく、手裏剣も投げることはなかった。

定価：本体1,600円＋税

幕末 志士の作法
監修：小田部雄次

幕末の時代を生きた志士たち。志を持っていたのはひと握りだった。

定価：本体1,600円＋税

戦国 忠義と裏切りの作法
監修：小和田哲男

忠誠を誓いつつも、寝返ることが常態化していた「家臣」がテーマ。

定価：本体1,600円＋税

近現代 スパイの作法
監修：落合浩太郎

近現代のスパイが実際に使っている道具や、行っている活動を白日の下にさらす。

定価：本体1,600円＋税

平安貴族 嫉妬と寵愛の作法
監修：繁田信一

風流なイメージがある平安貴族。実際は過酷な競争社会の中で生きていた。

定価：本体1,600円＋税

戦国 経済の作法
監修：小和田哲男

ゼニがなくては戦はできぬ！ 経済の視点から読み解いた戦国の作法。

定価：本体1,600円＋税